Napoleón

Napoleón Prisionero de una ambición

Fernando Nieto Solórzano

PANAMERICANA
EDITORIAL

Nieto Solórzano, Fernando
  Napoleón / Fernando Nieto Solórzano. — Bogotá:
Panamericana Editorial, 2005.
    140 p. ; 21 cm. — (Personajes)
    ISBN 958-30-1969-0
    1. Napoleón, I, Emperador de Francia, 1769-1821 2. Emperadores
franceses – Biografías I. Tít. II. Serie.
    944.05 cd 19 ed.
    AJF3060

        CEP-Banco de la República-Biblioteca Luis Ángel Arango

Editor
Panamericana Editorial Ltda.

Dirección editorial
Conrado Zuluaga

Edición
Pedro José Román

Diseño, diagramación e investigación gráfica
Editorial El Malpensante

Cubierta: Napoleón Bonaparte, 1802. © Hulton Archive

Primera edición, abril de 2006
© Panamericana Editorial Ltda.
    Texto: Fernando Nieto Solórzano
Calle 12 N° 34-20, Tels.: 3603077—2770100
Fax: (57 1) 2373805

Correo electrónico: panaedit@panamericanaeditorial.com
www.panamericanaeditorial.com
Bogotá D. C., Colombia

ISBN 958-30-1969-0

Impreso por Panamericana Formas e Impresos S. A.
Calle 65 N° 95-28, Tels.: 4302110—4300355, Fax: (57 1) 2763008
Quien sólo actúa como impresor.
Impreso en Colombia
Printed in Colombia

"Yo no tengo ambición... o, si la tengo, es tan natural, tan innata en mí, se halla tan fuertemente ligada a mi existencia, que es como la sangre que corre por mis venas, como el aire que respiro...".

Napoleón

Córcega, la primera patria

En 1755, bajo la dirección de Pascual Paoli, Córcega decidió separarse de la República de Génova y desde entonces existió como Estado independiente, hasta que en 1768 Luis xv compró a Génova los hipotéticos derechos que argumentaba tener sobre la isla, antes de enviar a sus soldados para hacerlos valer. Paoli volvió a la lucha y ese otoño de 1768 venció a los invasores franceses en la batalla de Borgo. Su ayudante de campo apenas pasaba de los veinte años. Esbelto y ágil, lleno de paciencia, valiente y de inteligencia despierta, Carlos Buonaparte era un corso de pies a cabeza, y como tal quería una familia numerosa. Su esposa, Letizia Ramolino, había dado a luz a José, el mayor, pocos meses antes de la victoria, la cual celebró la pareja engendrando otro hijo.

Sin embargo, en la primavera de 1769 las cosas se complicaron, pues el conde de Vaux desembarcó en Córcega con sus hombres y, a pesar de los desesperados esfuerzos, en mayo Paoli fue vencido en Ponte Novo. La retirada fue terrible. Al igual que otras esposas y compañeras de los guerrilleros, Letizia siguió a Carlos a lo largo de esas dramáticas jornadas, montada en una mula, muy avanzado su embarazo y con José, de un año, en los brazos. En junio, Paoli y un centenar de sus fieles huyeron a Italia. En julio su ayudante de campo capituló con otros emisarios ante el conquistador: era el fin de su sueño de consolidar la independencia de Córcega. El 15 de agosto, una vez restablecido el orden gracias al perdón y olvido por parte de Francia, Letizia dio a luz su segundo hijo en Ajaccio, a quien dieron por nombre Napolione.

"Napoleón se reía de los genealogistas aduladores, según los cuales sus antepasados habían sido soberanos en Treviso y en Bolonia. Pero él se enlazaba a los Bonaparte o Buonaparte, más ricos en armaduras que en escudos, conocidos desde hacía tiempo en Toscana, y entre los cuales, en general, el gusto por las letras fue notorio. Uno de ellos, a comienzos del siglo XVI, sin duda extrañado de Florencia por las discordias de entonces, había venido a establecerse en Ajaccio. Los Bonaparte fueron notarios, escribanos... En todo caso, oficios de escritorio. En ellos adquirieron consideración, pero poca fortuna... Lo cierto es que las relaciones entre la rama de la familia que permaneció toscana y la rama convertida en corsa se mantenían todavía a fines del siglo XVIII".

Jacques Bainville

Cabe señalar que el primer golpe de fortuna del futuro emperador fue, precisamente, la derrota de Ponte Novo, pues de esta manera su destino quedó ligado al de Francia, sin el cual su genio no hubiera podido revelarse. Al fin y al cabo, se trataba de una nación lo bastante liberal, confiada y generosa como para abrir sus mejores escuelas a los franceses de todas las procedencias. Pero Napolione no tenía por qué saberlo en los años de su infancia. Por el contrario, en su isla escarpada, casi salvaje, de riscos recortados por el viento, con sus puertos encajonados y su eterno olor a soto, sus puentes góticos y sus encinas y pinares siempre verdes, como le cuadra a un paisaje orgullosamente mediterráneo, Napolione crecía a la luz de ese viejo sueño aplastado por las armas de Francia, alimentando el odio hacia el invasor y, al mismo tiempo, un amor profundo por Córcega. Turbulento y voluntarioso, a Napolione le gustaba jugar a los soldados; la cercanía del mar, que traía imágenes, olores y algunas noticias de Oriente, alentaba su febril imaginación en esa parte occidental de la isla donde se levanta Ajaccio, en la cual perdura el rastro de la mezcla de moros, griegos y fenicios. Era un niño meditabundo para quien los relatos de la lucha guerrillera contra Francia, que poco a poco se iban convirtiendo en una suerte de leyenda, la política local y la creciente preocupación en casa por la escasez de dinero constituían los grandes temas que discurrían sobre el fondo de sus días.

El gobierno de perdón y olvido que ejercieron los franceses a partir de Ponte Novo apuntaba a lograr la sincera adhesión de la isla, y para el efecto brindaron oportunidades concretas a los corsos de ascendencia noble. Como Carlos la tenía —en los años de estudio de abogacía en Pisa sus compañeros le decían el conde Buonaparte—, abandonó para siempre su vida de soldado y se convirtió en un aldeano leal a la Corona, cuya principal pre-

Separada de la costa de Francia por menos de 200 kilómetros, Córcega tiene una extensión de 8.682 kilómetros cuadrados y una altura máxima de 2.710 metros: el monte Cinto. Los griegos llamaban a la isla *Kallisté* ("la más bella"), y los romanos la conquistaron en el 162 a. C. También estuvo en manos de fenicios, cartagineses, bizantinos y sarracenos... hasta la llegada de los genoveses a finales del siglo XIII, los cuales edificaron las magníficas ciudadelas de la costa: Calvi, Bonifacio, Bastia, Saint Florent, Porto-Vecchio, Ajaccio. En el siglo XVIII, cuando luchó por su independencia a la cabeza de Paoli, acuñó una moneda, fundó una imprenta nacional, abrió una universidad en Corte... Pero el indómito temperamento de sus pobladores impidió el recaudo de impuestos, el ejercicio de la justicia y la conformación de un ejército. Se frustró así la tentativa de constituirse un estado soberano.

ocupación fue sacar adelante a los suyos: luego de Napolione llegaron al mundo Luciano (1775), Elisa (1777), Luis (1778), Paulina (1780), Carolina (1782) y Jerónimo (1784). A punta de solicitudes no exentas de tacto, Carlos se convirtió finalmente en diputado de la nobleza en los nuevos "Estados de Córcega", y más tarde en el inspector de unas plantaciones de moras del rey. Unos rebaños desperdigados por el monte, algún viñedo y las entradas de su hermano, el archidiácono de la catedral y del hermanastro de la esposa, que también era sacerdote y con experiencia en los negocios, permitieron, con mucho esfuerzo, alimentar tantas bocas. Fuerte, un poco varonil, bonita, apenas instruida y orgullosa, Letizia aplicó la misma tenacidad que había mostrado en las jornadas militares al lado de su marido a la tarea de criar con las uñas a ocho hijos en la casona junto al mar. De ambos padres, Napolione heredó el claro sentido de clan familiar.

Gracias a su acercamiento metódico a las autoridades francesas, Carlos obtuvo dos becas para sus hijos mayores y una tercera para Elisa. En compañía de ambos muchachos partió a Francia en diciembre de 1778 con el objeto de dejarlos instalados en el colegio de Autun, 250 kilómetros al sureste de París. Estaba determinado que José debía convertirse en sacerdote y Napolione en oficial. Al menor le bastaron cuatro meses para aprender el suficiente francés, sin perder nunca el acento del dialecto corso, y ser aceptado en la Real Escuela Militar de Brienne, a 150 kilómetros al este de la capital.

Allí tuvo un primer contacto real con Francia a través de sus compañeros bretones, loreneses, provenzales, cuyos padres habían probado, como los suyos, los títulos de nobleza. Después de todo, Carlos había aprovechado el viaje para que fuese confirmado, por el Colegio Heráldico de París, el título italiano de nobleza de los Buonaparte. Además, el rey concedió al funcionario corso un donativo de dos mil libras en recompensa por sus diez años de fiel servicio. Y gracias a ese contacto con la Francia de Brienne, Napolione Buonaparte se empezó a convertir en Napoleón Bonaparte, es decir, en francés.

Fue, desde luego, un tránsito lento, no deliberado, más bien inconsciente. Su amor a Córcega seguía intacto, al igual que su desdén por los franceses, quienes lo despreciaban a su vez, burlándose de su acento y de su actitud inquebrantable de mostrarse como corso, intensamente devoto de su isla y de su héroe, Paoli. "Si los corsos son tan valientes, ¿cómo se dejaron vencer por nuestras tropas?", le preguntó un condiscípulo. "Éramos uno contra diez. Pero espera a que yo crezca y entonces verán los franceses".

A raíz de ese diálogo, cuyo desenlace le costó un encierro en el calabozo, escribió a su padre:

> Estoy harto de exhibir mi pobreza y de ser el hazmerreír de unos chicuelos insolentes, que no tienen otra superioridad sobre mí que la de su fortuna, pues no hay ni uno solo que no esté cien codos por debajo de los nobles sentimientos que me animan. ¿Deberé, pues, continuar siendo el blanco de unos cuantos mequetrefes que, orgullosos de los placeres que pueden proporcionarse, insultan sonriendo mi indigencia y mis privaciones?

Pero Carlos le contestó: "No tenemos dinero. Es preciso que continúes así". A las burlas y a la pobreza se añadía la añoranza de su familia y de su país, cuya luz de mar, cuya cálida atmósfera eran tan distintas de las brumas del continente. En sus primeros años en Brienne, el joven Bonaparte sintió, literalmente, la soledad del desterrado.

El talante que mostró frente a tales circunstancias suscitó los comentarios de sus maestros: "Está hecho de granito, pero con un volcán dentro". El latín y la gramática le parecían inútiles. Sin embargo, destacó en geografía, historia y matemáticas, tres disciplinas vinculadas de manera directa con su desempeño como soldado y estadista. El estudio de la geografía le proporcionó el hábito de conocer como la palma de la mano los campos de batalla y el mapa de Europa, que modeló casi a su antojo a lo largo de su carrera. La historia —y muchísimos otros temas— llegaron por el camino de los libros, pues su juventud fue una larga lectura que enriqueció su imaginación y abrió su espíritu a miles de cosas. Y gracias a las matemáticas el inspector general de las Escuelas Militares señaló que el arma de Bonaparte era la artillería, con lo cual pasó, en octubre de 1784, al cuerpo de caballeros cadetes en la Escuela Militar de París. Excelente elección, pues por esos años la artillería francesa era la mejor de Europa.

Si bien es cierto que Brienne proporcionó a Bonaparte el primer asomo a la Francia profunda y tradicional, también es claro que el aire de provincia que allí respiró durante cinco años poco o nada hizo por despojarlo de su sencillez corsa. En cambio, en la Escuela Militar de París se encontró como en el

centro del mundo y, por la magnificencia de su sola arquitectu-
ra, Bonaparte supo, sin rodeos, que Francia era un país grande.
A poco de entrar murió Carlos en Montpellier. No había
cumplido treinta y nueve años y dejaba a su familia en la difícil
situación económica de siempre. Su hijo, el caballero cadete,
que quizá en el fondo del alma guardaba cierto rencor por la
actitud resignada que asumió su padre frente a los franceses,
no pudo asistir a los últimos momentos de agonía, ni tampoco
al funeral, y escribió a Letizia una carta en la que brilla el sentimiento frente a la gran responsabilidad para con su familia.
Por eso, era preciso conseguir lo antes posible el título y sueldo
de oficial, los cuales llegaron en septiembre de 1785, cuando
aprobó el examen que impartió el ilustre geómetra y físico
Pierre Simon Laplace. Se convertía así en subteniente de artillería, lo que significaba un magnífico éxito si se toma en cuenta
que no tenía más de un año de preparación.

Los superiores de Bonaparte en la Escuela Militar escribieron:

> Reservado y trabajador, prefiere el estudio a toda especie de
> recreo; gusta de la lectura de los buenos autores; singularmente
> aplicado a las ciencias abstractas... Silencioso y amante de la soledad;
> caprichoso, altivo y extremadamente propenso al egoísmo; de pocas
> palabras, enérgico en sus respuestas, pronto y mordaz en la réplica,
> con mucho amor propio; ambicioso y aspirando a todo.

A comienzos de 1786 formaba parte del regimiento de Valence, al sureste de Francia, a orillas del Ródano, a donde llegó recorriendo a pie la mayor parte del camino, por falta de

medios. Allí empezó a montar guardia al lado de aristócratas, cuyo fasto lo eclipsaba y ofuscaba a la vez. Le bastaba el uniforme azul con guarniciones rojas del que siempre dijo que era el más hermoso del mundo.

Pero, ¿qué sentía por esos días aquel joven de diesicéis años que a veces se aburría en su cuartel? Sentía que más allá de esas cuatro paredes el mundo era ancho y ajeno, certeza a la cual había llegado gracias a sus mejores amigos de aquella época, los libros. En las horas de ocio que dejaba el regimiento —donde Bonaparte supo, para toda su vida, que un hombre de tropa estaba hecho para vibrar por igual con la autoridad y la confianza de sus superiores, y que la camaradería de sus iguales era tan necesaria como el aire o la luz— se abandonaba, con la misma avidez que había experimentado en Brienne y en París, a las *Vidas paralelas,* de Plutarco; *La república,* de Platón; *El príncipe,* de Maquiavelo; *El contrato social,* de Rousseau; las obras de Mirabeau, Buffon, Tácito, Montaigne, Montesquieu, Tito Livio, Corneille, Racine, Voltaire, D'Alambert; la constitución del Estado persa, ateniense y espartano; la historia de Inglaterra; las campañas de Federico el Grande; las finanzas francesas; obras sobre astronomía, geología, meteorología... a propósito de todo lo cual iba consignando sus propias reflexiones, llenando cuadernos y cuadernos. Auténtica pasión que ponía un abismo de por medio entre el soldado lector que era Bonaparte y el resto de la tropa.

El emplazamiento de la artillería, el suicidio, el poder de los reyes, la desigualdad de los hombres fueron algunos temas de una serie de ensayos que se lanzó a escribir por esa época, en una tarea que le resultó tan ardiente como trazar mapas de su isla y de todas partes del mundo, y planos de campos de batalla imaginarios en los cuales marcaba los puntos donde creía conveniente situar las baterías y abrir las trincheras. Buena parte de aquello habría de guardarlo en su memoria prodigiosa, puesta al servicio de una inteligencia llena de curiosidad, que indagaba todos los campos y que de todos los campos sacaba provecho.

El amor estaba a la vuelta de la esquina, pues Bonaparte inició una tímida relación con una joven del lugar, experiencia que, junto a las poderosas imágenes que las páginas de literatura e historia proyectaban en su espíritu, vino a despertar a ese gran poeta que llevaba dentro y que nunca lo abandonó: "Siempre solo en medio de los hombres, vuelvo a casa para soñar a solas conmigo mismo y entregarme a toda la vivacidad de mi melancolía. ¿Hacia qué lado se ha vuelto hoy?... Estoy en la aurora de mis días, y aún puedo esperar muchos años de vida...", escribía Bonaparte el 3 de mayo de 1786, en Valence, donde burgueses, leguleyos y tenderos de la localidad intercambiaban noticias a propósito de la tensa situación que empezaba a percibirse en toda Francia como una corriente subterránea.

Pero Francia no estaba en sus pensamientos. Ese mismo día también escribió: "Llevo seis o siete años alejado de mi patria... ¿qué espectáculo hallaré en mi país? ¡Veré a mis compatriotas cargados de cadenas y besando trémulos la mano que los oprime!". Su país seguía siendo Córcega, por la cual guardaba el mismo sentimiento profundo de patriota que inflamaba su ánimo y que era, ni más ni menos, su razón de ser. Por eso, al obtener la primera licencia de soldado, justo al cumplir los diecisiete, partió a la isla con el corazón encendido por las ganas de recuperar el olor de su mar y de su tierra y de contar sus andanzas en el dialecto corso que, para su sorpresa, apenas pudo recuperar cuando empezó a dialogar con los suyos. Fueron dos años más bien sombríos, pues las dificultades de dinero no le habían dado tregua ni a Letizia ni a los hermanos que continuaban en Ajaccio. Fue y vino de Córcega un par de veces, hasta que en julio de 1788 se reincorporó a la rutina militar. "La vida me es una carga; solamente dolores me produce... y por no poder vivir a gusto mío, la vida se me hace insoportable".

Para ese entonces su guarnición estaba en Auxonne, pequeña ciudad de Borgoña, sede de una escuela de artillería a donde la penuria parecía seguirlo: "No tengo más recursos que mi trabajo. Sólo me arreglo una vez a la semana; duermo muy poco desde mi enfermedad, ¡es increíble lo poco que duermo! Me acuesto a las diez y me levanto a las cuatro. Sólo como una vez al día, y este es un régimen que conviene a mi salud". Bonaparte, al recibir en Auxonne su verdadera formación como táctico y artillero, se inició en el arte de la guerra. *Uso de la nueva artillería*, *Los principios de la guerra de montaña* y *Ensayo general de táctica* fueron algunos de los textos aprovechados por esta mente propensa al estudio, que siempre estaba dispuesta a aprender.

Un día se le impuso un arresto, y en el recinto en el cual fue encerrado durante veinticuatro horas no había más que un libro: las *Instituciones,* de Justiniano. Devoró cada uno de los folios reteniendo la suficiente información como para sorprender al Consejo de Estado y a los viejos juristas quince años más tarde, citando las leyes romanas mientras se redactaba el *Código Civil* bajo su gobierno del Consulado.

Pero más allá de Auxonne y de Borgoña la vida iba cobrando un cariz cada vez más inquietante. La mala cosecha de 1788 produjo motines populares en muchas provincias de Francia, donde los campesinos forzaban los graneros de los señores y obligaban a los comerciantes de trigo a venderlo a un precio más bajo. Grenoble, Rennes, Besanzon, Marsella, Tolón, Orleans... no escaparon a tales desórdenes. La aguda crisis financiera y la quiebra del tesoro obligaron a la monarquía a buscar con urgencia los medios para cubrir los gastos ordinarios. La violencia y las represiones ya no producían efecto. Las antiguas palancas, con cuya ayuda las autoridades reales mantenían al pueblo en sumisión, estaban fallando. En la primavera de 1789 la agitación social abarcó a todo el Reino.

En abril, Bonaparte fue enviado con su compañía a Seurre, 300 kilómetros al sureste de París, donde mostró enérgica firmeza a la hora de disolver los disturbios: "Que las gentes honradas vuelvan a sus casas; yo no tiro más que sobre la canalla", dijo a la hora de encararla. La propia guarnición de Auxonne fue atacada por el pueblo, pero las clases acomodadas se unieron a las tropas y organizaron la resistencia. Desde su puesto, Bonaparte abrió fuego contra la plebe.

Sediciones militares, saqueos, destrucción de archivos, los obreros del suburbio de Saint-Antoine, en París, defendiéndose de los destacamentos de la Guardia y de la caballería con piedras, adoquines y tejas...

Soy un extranjero —pensaba por esos días Bonaparte—, y todo esto no es más que una disputa entre franceses. Como buen soldado disciplinado no dudo en hacer fuego si recibo la orden. Aunque detesto los motines y las sublevaciones, no tengo sentimientos monárquicos: ni amigo ni enemigo del rey. Sí, es cierto que me siento atraído por las nuevas ideas, pero lo que realmente me ilusiona es la libertad de Córcega...

De hecho, por entonces Bonaparte estaba entregado en cuerpo y alma a redactar una historia de su isla, casi sordo en su buhardilla a las noticias, los gritos, el ruido de París, donde el 12 de julio se produjo el primer choque entre el pueblo y las tropas. El 13 sonaron las campanas tocando a rebato. Obreros, artesanos, pequeños tenderos, funcionarios y estudiantes llenaron las plazas y las calles, y empezaron a armarse apoderándose de decenas de fusiles. El 14 de julio por la mañana se precipitaron hacia los muros de la Bastilla, el baluarte inexpugnable del absolutismo, en busca de pólvora. El comandante de la temible prisión dio la orden de disparar pero, a pesar de las víctimas, la muchedumbre no se detuvo. Los artilleros que se habían pasado al bando de los insurrectos abrieron fuego y destrozaron las cadenas de uno de los puentes levadizos. Entonces la plebe irrumpió...

Esa mañana del 14 de julio, mientras la prisión era demolida por el populacho luego de liberar a sus siete reclusos, el duque de Liancourt llegó a todo galope a Versalles en un caballo cubierto de espuma. Hizo despertar al rey, a quien no le gustaba para nada que su sueño fuera interrumpido y era más bien falto de energía a la hora de asumir las crudas realidades. Le comunicó que la Bastilla había sido tomada por asalto, que su comandante estaba muerto, que su cabeza era paseada por toda la ciudad en la punta de una pica. "Pero, ¡eso es una revuelta!", dijo Luis XVI en un balbuceo lleno de espanto. "No, *sire*, es una revolución", corrigió el duque.

En los dos meses que siguieron se integró una Guardia Nacional burguesa al mando del marqués de Lafayette y salió a la luz la Declaración de los Derechos del Hombre y del Ciudadano. Los nobles, presas del miedo, empezaron a abandonar sus propiedades y a huir a las grandes ciudades, lejos de los pueblos envueltos en las llamas de los levantamientos campe-

El 5 de mayo de 1789 se reunieron en Versalles los Estados Generales, es decir, el Parlamento de Francia, integrado por el clero, los nobles y el Tercer Estado: propietarios de tierras, hombres de negocios, abogados, administradores... quienes representaban a la clase media y estaban empapados en las ideas de igualdad y libertad propias de la Ilustración. Habían sido convocados para encontrar, de la mano de la Corona, una solución a las dificultades del tesoro. El lento y difícil entendimiento entre el clero y la nobleza, por un lado, y el Tercer Estado, por otro, el cual tenía el legítimo interés de hacerse sentir, llevó a éste a erigirse el 17 de junio en Asamblea Nacional y a jurar no separarse hasta que fuese proclamada una Constitución. Los intentos del rey por truncar esta iniciativa condujeron, el 9 de julio, a que la Asamblea Nacional se declarase Asamblea Constituyente, supremo órgano representativo y legislativo del pueblo francés. Cuando las tropas adictas al rey se preparaban para disolverla, los tumultos estallaron en París. La toma de la Bastilla, el 14 de julio de 1789, marcó el inicio de la Revolución Francesa, la cual se prolongó diez años hasta el advenimiento del Consulado.

sinos, y la Asamblea Constituyente proclamó que el régimen feudal era totalmente abolido. Mientras tanto, Napoleón permaneció absorto en su historia de Córcega, la cual nunca terminó. En septiembre de 1789 le fue concedida una segunda licencia, y se marchó otra vez a su primera patria. El teniente Bonaparte acababa de cumplir veinte años.

"LA VIDA ES UN SUEÑO LIGERO QUE SE DISIPA..."

Todo el mundo sabía quién era ese joven de rostro pálido y ojos fríos, ligeramente azules, que iba y venía por las calles de Ajaccio. Se detenía en una esquina para saludar a unos viejos paisanos; dejaba que un grupo de niños se quedara deslumbrado con su uniforme, tan sencillo hasta el final de su vida; echaba a andar otra vez con la mano en el puño de su sable colgado al cinto. "Aquí me haré a un nombre", pensaba. "Mi plan es simple: si Francia está despertando de un viejo sueño proclamando la libertad, ¿cómo no va Córcega, encadenada por Francia, a valerse de la ocasión para lograr su independencia?". Bonaparte quería convertirse en el artífice de ese triunfo, y por eso no escatimaba palabras apasionadas, incisivas, llenas de colorido, con la suficiente retórica para mover a los corsos, quienes lo escuchan en la plaza igual que si fuera un tribuno del pueblo. Y sin duda Bonaparte se sentía como una de las grandes figuras de la historia, cuya voz le había llegado desde la antigüedad gracias a sus lecturas de cuartel.

Sin embargo, para mover a los isleños no bastaban las palabras. El ardiente documento enviado por él y otros entusiastas de la emancipación de Córcega a la Asamblea Constituyente en París, señalando la guillotina para los funcionarios del régimen y solicitando armas para los ciudadanos, trajo como respuesta que la isla pasaba en adelante a ser provincia de Francia con los mismos derechos que las otras provincias. "A pesar de las nuevas ideas, ¿tendremos los corsos que seguir siendo franceses?". Tal fue la pregunta que relumbró en su mente como un rayo.

En esa estancia en la isla, que duró hasta enero de 1791, Bonaparte conoció a Pascual Paoli, recién llegado tras su largo destierro. Fue recibido en medio de las aclamaciones populares, y el subteniente intuyó que le convenía entablar una buena relación con quien fuera el jefe de su padre. Se puso entonces a su servicio, y cuando estaban solos compartiendo alrededor de una fogata o haciendo el camino a caballo por la serranía, Bonaparte le exponía sus planes una y otra vez: fomentar el levantamiento militar de la isla, luchar por la plena secesión, afianzar la autonomía de Córcega... Paoli escuchaba, más bien incrédulo, con el gesto propio del hombre lleno de experiencia, asombrado por tanto entusiasmo. En una ocasión le dijo: "¡Ah! Napolione. La verdad es que no hay en ti nada de moderno. Diríase que sales de la época de Plutarco". Todo un elogio que indicaba hasta qué punto el viejo guerrillero había penetrado la psicología del adolescente, en cuya cabeza bullía desde entonces el sueño de hacerse un lugar en la historia.

A decir verdad, Córcega no le ofrecía en ese momento mayores oportunidades. Al fin y al cabo, su posición no dejaba de ser contradictoria: quería ver la isla libre de cualquier yugo extranjero, para lo cual sostenía que el camino era la revolución. Pero cuando sus compatriotas lo vieron llegar con el uniforme de la Revolución y hablando de revolución, ¡sintieron que se trataba de un extranjero! Y como sus deberes de oficial lo llamaban desde el continente y Paoli ocupaba todo el escenario político, Bonaparte decidió regresar a Francia en compañía de su hermano Luis.

Pronto volvió a sentir que lejos de casa la falta de dinero era aún más penosa. Con 85 francos se las tuvieron que arreglar en Valence para pagar un techo, comer, vestirse y atender los estudios de Luis. Por dinero y también por las ganas de poner a prueba su madera de escritor, decidió participar en un concurso de ensayo promovido por la Academia de Lyon, cuyo tema debía desarrollarse en torno a "las verdades y sentimientos que más conviene inculcar a los hombres para su felicidad". ¡Mil doscientos francos era el premio al primer puesto! Bonaparte no lo ganó, pero dejó una línea que vale oro: "los hombres verdaderamente grandes son meteoros destinados a brillar para alumbrar las tinieblas de su época".

Al igual que en el resto de Francia, la captura del rey en Varennes en junio de 1791, cuando trataba de huir a la frontera con su familia, agitó el ambiente de Córcega que estaba en vísperas de la guerra civil y a donde Bonaparte viajó una vez más. Quería hacerse al mando de la Guardia Nacional de la isla, para lo cual Letizia embelleció su casa, sirvió la mesa con el mayor esmero y recurrió a todos sus encantos de anfitriona, con tal de que propios y extraños se sintieran como parte del hogar. La idea era ganar hombres, ganar votos. "Por aquel entonces —escribió uno de sus camaradas—, veíase a Napoleón tan pronto silencioso y pensativo, tan pronto amable con todo el mundo, hablando con todos, visitando a los que podían serle útiles y tratando de conquistarlos a todos". Fue nombra-

El 10 de agosto de 1792, batallones de la Guardia Nacional formados por obreros de los suburbios y grupos armados de voluntarios de provincias se dirigieron al Palacio de las Tullerías, la nueva residencia de Luis XVI, porque el pueblo así lo había exigido. El edificio era una fortaleza y estaba custodiado por la artillería. Pero los sublevados lograron penetrar en el patio, donde retrocedieron cuando el fuego del Ejército de la Corona dejó varias decenas de cadáveres sobre los adoquines. Hubo una pausa de unos minutos y el asalto se reanudó con más brío. Al final, los defensores que habían sobrevivido, capitularon. Como resultado del levantamiento, el poder en París pasó a manos de la Comuna y, a instancia de la Comuna, el rey y su familia fueron detenidos. Así fue derrocada la monarquía, que había existido en Francia más de mil años.

do segundo comandante de la Guardia Nacional. "En estas circunstancias difíciles el puesto de honor de un corso está en su país", decía su carta dirigida a Valence, en la cual se atrevió a pedir los atrasos de su paga. En respuesta, las autoridades militares francesas lo borraron del escalafón.

En vez de amedrentarse, Bonaparte decidió —como muchas otras veces en su vida— jugarse el todo por el todo. Quería apoderarse de la fortaleza donde estaban parapetadas las fuerzas regulares del rey y quedar así como el salvador, opacando al propio Paoli. Pero el asalto fracasó, y una queja contra el segundo comandante fue dirigida inmediatamente a París, acusándole de rebelión armada. Paoli, que venía sintiéndose algo incómodo por la fogocidad de su turbulento subordinado, no tardó en destituir a Bonaparte y en proclamar su lealtad a Francia.

El verano de 1792 lo encontró en París. Le fue preciso comparecer ante el Ministerio de Guerra, donde algunos lo tildaban de desertor. Mientras su caso se decidía, vagaba por las

calles sin un luis en los bolsillos. Se vio obligado a endeudarse
—¡nunca le había sucedido!— empeñando el reloj. Y como
cada vez era más numerosa la "Sociedad de los amigos de la
Constitución", es decir, los jacobinos, se unió a los seguidores
del implacable Maximiliano Robespierre, el cabecilla.

El 10 de agosto de 1792, el populacho asaltó el Palacio de
las Tullerías, la residencia de Luis xvi, y como consecuencia,
su autoridad pasó a manos de la Comuna revolucionaria de
París. Bonaparte escribió en su diario: "Si el rey se hubiese
mostrado a caballo la victoria habría sido suya", palabras
que revelaban un claro respeto al orden y un carácter decidido a la hora de enfrentar el peligro.

Menos de mes y medio más tarde se reunieron en la capital los 750 diputados de la Convención Nacional, cuya primera medida consistió en proclamar la República. El nuevo gobierno no sólo conservó en el Ejército a Bonaparte, sino que
pronto lo ascendió a capitán. Sin embargo, poca o ninguna
prisa tenía por reincorporarse a su regimiento. Obstinadamen-
te, sus pasos se volvieron a dirigir a Córcega, donde seguía li-
brándose una lucha encarnizada. Su propósito era el mismo:
convertirse en el amo de la isla. Para ese momento, Salicetti,
el delegado corso en la Convención, era el enemigo mortal de
Paoli y, por lo mismo, aliado de Bonaparte. Salicetti vio en el
recién nombrado capitán a un artillero hábil que podría servirle
en la lucha. La guerra civil había desatado la calumnia, la corrupción y la anarquía, y obligado a hombres y mujeres a vivir y dormir armados en ciudades y montañas de Córcega. En
ese ambiente llegó de París una orden terrible, producto de

una conspiración poco noble: detener a Paoli por ser sospechoso de actuar como agente de Inglaterra.

Mientras los isleños corrían en auxilio del viejo héroe, Napoleón vacilaba intentando ganar tiempo. Al final se declaró en favor de Paoli, pero también estuvo de acuerdo con la decisión de París. Era un peligroso juego con dos barajas. Sus enemigos asaltaron la casa de Letizia y la saquearon. Seguramente habrían acabado con sus moradores si estos no hubieran buscado refugio. Y como Bonaparte tenía los cañones, se enfrentó abiertamente a Paoli, dueño de la ciudadela y con el pueblo a sus espaldas. Fracasó en dos intentos por tomar otra vez la fortaleza, baluarte de la isla, al cabo de lo cual fue expedido un decreto popular que ordenaba la expulsión de Córcega de la familia Bonaparte. Era el fin. "Prepárate a partir; este país no es para nosotros", escribió Napoleón a su madre. A través de los bosques silenciosos, que muchos años antes le sirvieron de refugio mientras huía de los franceses tras la batalla de Ponte Novo, huía Letizia en el verano de 1793 mientras buscaba la protección de los franceses camino de la costa y al amparo de los suyos. Su única posesión era el traje que llevaba puesto.

¿Qué pensamientos y sentimientos giraban en la mente y el ánimo de su hijo, el capitán que estaba a punto de cumplir veinticuatro años? "¡Cuántos esfuerzos inútiles por liberar nuestra isla! —se decía—. ¿Qué será de nosotros cuando lleguemos al continente? ¿Por dónde empezaremos a buscar una nueva oportunidad?". Sin embargo, Bonaparte intuía que aquellos últimos años no habían sido del todo en vano. Cada uno de los viajes a Córcega le había permitido mantenerse al margen de los excesos de la Revolución, apreciando algunos de sus aspectos en su justa medida. Además, la isla fue una valiosa escuela a la hora de probarse como político, como orador, como artillero, como líder. Con tal de conseguir sus fines, Bonaparte empuñó el sable y abanderó los grandes ideales de la época, pero también supo utilizar la pluma y recurrió sin escrúpulos a la intriga. Y lo más importante: aprendió a conocer el corazón de los hombres. "La buena y la mala suerte han ido y vuelto iluminando y ensombreciendo mis días", reflexionaba Bonaparte a propósito de la estéril aventura corsa. Quizás no sabía que tal situación iba a continuar unos cuantos años más. De hecho, empezaba una de las épocas más inciertas de su vida.

Los refugiados se instalaron primero en el puerto de Tolón, y luego en el cuarto piso de una casa en Marsella. Su propietario había sido un aristócrata que fue pasado por la guillotina, tal y como le sucedió a Luis XVI en enero de ese año. Napoleón, José, Luciano y Letizia, quien nunca se rebajaba a la más mínima queja, luchaban por no caer en la franca miseria. Como los Bonaparte eran considerados "patriotas perseguidos", el gobierno contribuía con parte de su manutención. Napoleón —que por esos días llevaba un romance con Deseada, la rica cuñada de José— no dejaba de viajar a Niza, al valle del Ródano, a Avignon, a Tolón... Lo ocupaban los pedestres menesteres propios de su regimiento, como conducir convoyes de mercancías, conseguir pólvora, hacer patrullajes, y el negocio de abastecimiento de municiones que había iniciado con uno de sus hermanos, que a veces lo acompañaba. En todas aquellas andanzas sus ojos de soldado se movían nerviosos, detallando el emplazamiento de las baterías, de lo cual no dejaba de tomar nota.

De pronto, la República recibió un duro golpe. La gente acomodada de Tolón, esperando salvar sus posesiones, y acaso también sus vidas, de las garras de Robespierre, entregó el puerto a los ingleses. Las tropas revolucionarias lo sitiaron, pero sin éxito. Entonces Bonaparte buscó a Salicetti, el diputado corso amigo de la familia que en ese momento tenía la dirección política de las tropas de asedio. A través de Salicetti conoció a Carteaux, un pintor a quien la Revolución había convertido en general, creyendo que su fervor jacobino iba a suplir su falta de conocimientos militares. Con gran entusiasmo, Carteaux mostró a Bonaparte un cañón de grueso calibre situado a una legua del mar en el cual tenía cifradas sus esperanzas de barrer los buques ingleses cuando llegara el momento. Sin embargo, Bonaparte echó por tierra aquellas ilusiones al demostrar, disparando cuatro veces, que el agua estaba fuera del alcance de los proyectiles.

Con todo el deseo de manifestar sus capacidades, a lo largo de seis semanas desplegó una asombrosa actividad situando grandes piezas de artillería en los puntos estratégicos de la costa. Luego envió a la Convención un comunicado en contra de Carteaux acompañado de su plan de bombardeo de Tolón: "No es conveniente diseminar los ataques, sino, antes al contrario, reunirlos. Cuando se consigue abrir brecha, el adversario pierde el equilibrio, su resistencia se vuelve inútil, la partida está ganada. Hay que dividirse para vivir y concentrarse para combatir. No hay victorias sin unidad de mando. El tiempo es el factor esencial". También dirigió una carta a Robespierre el Joven, hermano de Maximiliano, buscando que París moviese los hilos... Pero la Convención no le quiso confiar el mando de la operación y reemplazó al comandante pintor ¡por un comandante médico! Pasaban los días y nadie se decidía por el ataque a los ingleses, que empezaron a tomar precauciones. Entonces Bonaparte volvió a escribir a la Convención, la cual optó por enviar a un nuevo comandante, un veterano que le dio el mando de un batallón con autorización para poner en práctica su plan de ataque. Tras un cruento cañoneo y un asalto en el cual Bonaparte participó, y sufrió la pérdida de su caballo y una herida de lanza en la pantorrilla —la única de su carrera militar—, el enemigo se refugió en las naves, incendió el arsenal y se batió en retirada. Todo en una sola noche, como lo había previsto el joven capitán. Era el 17 de diciembre de 1793.

De manera que la fortuna le volvía a sonreír. Tolón fue su primera victoria, gracias a la cual fue ascendido a general de brigada. Su nombre empezó a ca-

El 20 de septiembre de 1793 el diputado Romme presentó a la Convención un calendario. Los nuevos tiempos, dijo, habían comenzado con la proclamación de la República, el 22 de septiembre de 1792, en el momento en que terminaba el verano e iniciaba el otoño. La República debía nacer un día de equinoccio, cuando la duración del día y de la noche es igual. Tal igualdad en el cielo es el reflejo de la igualdad de los hombres en la Tierra. Por eso, para los nombres de los meses se utilizaron los fenómenos de la naturaleza: vendimiario, brumario, frimario, nivoso, pluvioso, ventoso, germinal, floreal, pradial, mesidor, termidor, fructidor.

lar en las masas. Marmont y Junot, dos oficiales desconocidos, decidieron unírsele, y Bonaparte los nombró sus ayudantes. El entusiasta cuarteto lo completaba su hermano Luis. La Convención le encargó fortificar toda la costa entre Tolón y Niza, lo cual supuso nuevos viajes y nuevas experiencias en el sur de Francia, y aún más lejos, pues se le entregó el mando de la Artillería del Ejército en Italia.

Pero los vientos revolucionarios fueron cambiando de dirección. Debido a la pugna en las filas jacobinas, Dantón, uno de sus más populares militantes, pereció en la guillotina a comienzos de abril de 1794, empujado por la fría mano de Robespierre. A finales de julio, al día siguiente del golpe de estado del 9 termidor del año II, según el nuevo calendario, le llegó el turno al mismo Robespierre. El miedo y el rencor de sus enemigos fue arrastrando a la muerte, primero a los seguidores más íntimos del dictador, entre ellos su hermano, luego a muchos de sus partidarios y pronto a otros que, si acaso, lo conocieron. Como a Bonaparte, a quien una orden de arresto lo confinó en una celda del Fuerte Carré, cerca de Niza, acusado de planear con Robespierre la destrucción del Ejército del Sur. Allí cumplió veinticinco años.

No hay nada que celebrar —murmuraba a solas en la húmeda penumbra de su encierro—. La pobreza, la afrenta de mis compatriotas corsos, el destierro, la calumnia pública, esta prisión en Francia, a un paso de morir frente a un pelotón de fusilamiento... ¿Dónde quedó mi triunfo en Tolón? —Sus fieles le aconsejaron que escapara, pero Bonaparte escribió—: Los hombres podrán ser injustos conmigo, pero a mí me basta con ser inocente. Mi conciencia es el tribunal ante el cual hago comparecer a mi conducta. Y cuando la interrogo, esta conciencia permanece tranquila. No hagáis nada; no conseguiríais más que comprometerme.

Una semana después recuperó la libertad. Salicetti había sido el acusador, y una vez pasó el pánico del primer momento empeñó su palabra garantizando que Bonaparte era inocente.

Una vez en libertad todo el mundo lo eludía y la mala suerte le siguió los pasos. Cuando se enteró de que Paoli había llamado a los ingleses para que acudiesen a Córcega en su ayuda, Napoleón voló a París a pedir el envío de una expedición a la isla, guardando la esperanza de que le fuese confiado el mando. Una flota salió sin él y al cabo de quince días regresó derrotada, situación que no ayudó para nada a despejar la sombra de sospecha que persistía en cubrir su nombre. Con el objeto de separarlo de sus partidarios, las autoridades militares le ofrecieron el alto mando en la Vendée, al oeste, junto al Atlántico, al sur del Loira, donde los campesinos y aristócratas realistas de la región se habían unido contra la Convención. Al mismo tiempo era transferido a la infantería, humillación premeditada para un artillero de su talento. Bonaparte se negó a todo aquello y asumió las consecuencias cuando fue dado de baja en el Ejército.

Vinieron días oscuros y de una tensa calma. Se le veía caminando por las calles de París, corto de piernas, flaco, amarillo, enfermizo, irritable, con paso torpe e inseguro, metido en aquel capote gris acero que se hizo luego famoso, sin guantes, yendo y viniendo con sus trancos de soldado en unas botas viejas y sucias. Marmont y Junot habían reaparecido, y a veces los tres distraían las horas vacías en la medialuz de un teatro o en alguna reunión, siempre y cuando no implicara gastar un dinero que no tenían. Sin embargo, Napoleón sabía que estaba solo. Se sentía abatido, inútil, al borde de un desaliento irreparable. El único refugio que encontraba era la correspondencia con sus hermanos. "La vida es un sueño ligero que se disipa...", escribió el olvidado héroe de Tolón.

Entre tanto, la Convención termidoriana (llamada así porque los miembros que la dirigieron venían del golpe del 9 termidor), proclamó una nueva constitución en agosto de 1795, según la cual el poder legislativo corría por cuenta del Consejo de los Quinientos y el Consejo de los Ancianos. El poder ejecutivo quedaba en manos del Directorio, integrado por cinco personas. Y un poco al calor de tales acontecimientos las cosas mejoraron de súbito para Bonaparte, pues así eran los caprichos de la Revolución. En un abrir y cerrar de ojos, cualquiera podía perder la cabeza o usurpar un reino.

El nuevo Ministro de la Guerra quería llevar a cabo una serie de cambios en el frente de Italia, para lo cual estableció contacto con el corso, pues le habían dicho que tenía excelentes conocimientos del país. "Sus ideas, general —dijo cuando se entrevistaron—, son tan brillantes como atrevidas... Redacte usted, sin prisas, una memoria". Luego de haberla evaluado, el Gobierno dictaminó: "Proyecto excelente, pero irrealizable". Sin embargo, Bonaparte entró al Departamento de Operaciones, donde se decidían los asuntos de importancia.

Mientras se dedicaba de lleno a las tareas de su nuevo cargo, los acontecimientos se precipitaron. La Convención termidoriana deseaba anular todas las conquistas democráticas de la dictadura jacobina, pero también quería evitar la restauración feudal, y tomó las medidas necesarias para prevenir el posible regreso de la dinastía Borbón. Después de proclamar la constitución fueron aprobados decretos según los cuales dos terceras partes de los miembros del Consejo de los Quinientos y del Consejo de los Ancianos debían haber pertenecido a la antigua Convención. Es decir, no podían ser miembros afectos al rey. Inconformes, los realistas se amotinaron en los distritos burgueses de París en los primeros días de octubre de 1795.

Las fuerzas de los sublevados sumaban 24.000 hombres y las del Gobierno, que se reunió en la Asamblea, 6.000. Allí estaba Bonaparte al atardecer del día 4, perdido entre el público de las tribunas, escuchando. Los diputados, la mayoría de los cuales no salía del miedo y la indecisión, pues realistas y burgueses estaban rodeando el lugar, empezaron a buscar el nombre de un general. Y de pronto, alguien gritó: "¡Nombren a Bonaparte!". No hubo respuesta, pero bastó para que Napoleón se acabara de armar de arrojo y presentara su nombre. "Deberé tener libertad de acción", dijo poco después de medianoche, cuando le dieron el mando, que únicamente aceptó compartir con Paul Barrás, el más poderoso de los jefes políticos. Y agregó: "Puesto que, sólo con nombrarme, me han comprometido, es muy justo que me dejen obrar como mejor me parezca".

En cuestión de horas transformó la Asamblea en una fortaleza, distribuyó en el interior del edificio sus escasas tropas, entregó armas a los aterrados y pusilánimes diputados, y encomendó a un joven oficial de caballería, llamado Joaquín Murat, hijo de un hostelero, la misión de traer de los suburbios cuarenta cañones de grueso calibre. Transcurrieron horas de una terrible tensión. Afuera, los amotinados también buscaban cañones pero, gracias a sus caballos, Murat se adelantó y a las cinco de la mañana estaba de regreso arrastrando la artillería.

Con la primera luz de aquel 13 vendimiario (5 de octubre) del año IV la muchedumbre avanzó en grupos bien armados, amenazante, intimidando aún más a los diputados, quienes empezaron a hablar de una salida negociada. A mediodía la situación era crítica, pues las tropas al mando de Bonaparte pretendían confraternizar con el pueblo. "Ahora o nunca", pensó. "Yo, que me burlé de la debilidad de Luis XVI cuando se vio acosado por la plebe, ¿voy a caer en lo mismo teniendo a mi disposición los cañones?". Y con su orden los cañones tronaron, la calle se llenó de sangre, la muchedumbre fue dispersada. A las seis de la tarde la calma era completa. "Hemos hecho gran matanza sin tener, en cambio, más que treinta muertos y sesenta heridos", escribió a su hermano José.

Mientras Bonaparte recibía en compañía de sus oficiales los aplausos y ovaciones de los diputados, presentía que acababa de ascender un peldaño definitivo en su carrera, que aquello era el comienzo de algo mucho más vasto, que ni él ni cualquier otro hombre podían precisar. Sus corazonadas se vieron confirmadas cuando recibió el mando del Ejército del Interior.

Súbitamente se encontró con dinero, criados y carrozas a su disposición. Se encontró con el poder.

Como nuevo generalísimo promulgó un decreto que prohibía el porte de armas, y muchísimas fueron confiscadas. Un muchacho de doce años acudió a su despacho y de la mejor manera le solicitó que le fuera devuelta la espada de su difunto padre, la cual era un recuerdo sagrado para su familia. Bonaparte accedió y poco después, recibió la visita de una señora, agraciada, elegante, seductora, con la piel morena de criolla nacida en la Martinica, pero criada en París. Se llamaba Josefina, viuda del vizconde de Beauharnais, guillotinado por obra y gracia de Robespierre. Era la madre de Hortensio y Lucrecia, y también la amante de Barrás.

Tal y como tenía pensado desde hacía tiempo, Barrás, que para ese momento era uno de los cinco miembros del Directorio, le concedió a Bonaparte el mando del Ejército de Italia,

Una de las consecuencias que trajo la Revolución fue el movimiento reaccionario por parte de las monarquías europeas: Inglaterra, Austria, Prusia y Rusia, principalmente. Estas vieron de inmediato en las conquistas de la burguesía y el campesinado, que despojaron de sus privilegios, tierras y otros bienes a los nobles y aristócratas de Francia, una clara amenaza a la estabilidad política y social de sus respectivas naciones. No dudaron entonces en empuñar las armas contra los gobiernos de la joven República, la cual gracias al fervor de aquellos años evitó en varias ocasiones la invasión del país. Ese mismo fervor llevó a los ejércitos revolucionarios más allá de las fronteras de Francia y a tomar posiciones claves en regiones como el norte de Italia, donde los austríacos habían extendido sus dominios.

contento de enviar a su peligroso rival al frente más difícil. Le bastaron a Bonaparte unas cuantas visitas a Josefina, seis años mayor, para enamorarse profundamente. Con ella entabló una relación que no dejaba de ser paradójica: el oficial de la Revolución veía en Josefina el sólido prestigio que había tenido el antiguo régimen; la dama del antiguo régimen veía en Bonaparte el brillo de la Revolución. Contrajeron matrimonio por lo civil, para lo cual fueron definitivos los argumentos que Josefina escuchó de Barrás, quien secretamente asumió que con el enlace iba a vigilar más de cerca a su general. En el anillo nupcial fueron grabadas las palabras "¡Al Destino!". Escasos días después, en marzo de 1796, Bonaparte marchó a Niza para reunirse con el Ejército y tomar la dirección de una campaña que lo llevó más allá de las fronteras de Europa.

Príncipe en Italia y aventurero en Oriente

La soberbia imagen de los Alpes era una presencia constante en esos primeros días de la campaña, cuyo desenlace estaba lejos de imaginar cualquiera de los 43.000 hombres que avanzaban, con más resignación que entusiasmo, por el estrecho sendero. En la vanguardia, un hombre enjuto, de baja estatura y un rostro que conservaba los últimos rasgos de la adolescencia, iba pensando en Aníbal, el comandante cartaginés a quien idolatraba, pues se había convertido en uno de sus héroes de tanto leer sobre sus campañas. "Si Aníbal atravesó los Alpes, yo voy a rodearlos", murmuró para sí mismo, al tiempo que levantaba la mirada para echar un vistazo a la nieve de la cima que centelleaba con furia esa mañana, como riéndose del general. "Es necesario apretar el paso, la plena primavera no demora en llegar. No quiero que nos sorprendan los aludes del deshielo...". Y pronto la masa de hombres se perdió en el laberinto de desfiladeros, buscando ese angosto valle donde los Alpes se juntan con los Apeninos. "¡Allí vamos a caer sobre los austriacos!".

Pero la prisa no era sólo por el deseo de batirse con los austriacos.

Soldados: estáis desnudos y mal alimentados; mucho os debe el Gobierno, pero, por ahora, no puedo daros nada; la paciencia y el valor que mostráis en medio de estas rocas son admirables, pero no os proporcionan la menor gloria ni provecho. Yo quiero conduciros a las más fértiles llanuras del mundo. Ricas provincias y grandes ciudades quedarán en vuestro poder. En ellas encontraréis honor, gloria y riqueza. ¡Soldados de Italia! ¿Será posible que carezcáis de valor y de constancia?

Esta arenga, antes que valor y constancia, despertó incredulidad en la tropa. Si Bonaparte le prometía las más fértiles llanuras del mundo, no le estaba dando los zapatos, los uniformes y el alimento para conquistarlas. Por su parte, a los oficiales a su mando no les caía bien ese acento corso de su francés todavía incorrecto cuando el joven general les impartía órdenes, a ellos, que eran hombres mayores y que habían pasado más años en los campos de batalla. Bonaparte tampoco las tenía todas con el Directorio: "Lo que ustedes me piden es que realice milagros; y esto no puedo hacerlo. Sólo la prudencia y la habilidad conducen a los grandes resultados. De la victoria a la derrota no hay sino un paso. Con mucha frecuencia he visto que una minucia decide las más grandes cosas", escribió a París.

En tales circunstancias se entregó a una incansable actividad: trazado de caminos, represión de motines, acuartelamientos, castigos por el robo de víveres y caballos, alocuciones al Estado Mayor... todo lo que implicaba administrar un ejército que no dejaba de moverse cruzando montes y valles, bordeando barrancos y pantanos, librando escaramuzas tan rápidas como audaces, pues sus tropas no conocían aún los grandes despliegues en línea. En el curso de unas cuantas semanas transformó aquella horda de hombres desarrapados, envilecidos por tres años de ocio en las montañas, en un verdadero ejército republicano a punto de batirse con la primera coalición, formada en 1792 con el objeto de hundir la Revolución: Austria, Inglaterra, Rusia, el reino de Cerdeña, el reino de las dos Sicilias y algunos estados alemanes. Prusia se había retirado al firmar la paz de Basilea en 1795.

Las tropas austriacas y piamontesas estaban repartidas en tres grupos en los caminos que conducían al Piamonte y Génova. Bonaparte cayó como un rayo y en las batallas de Montenotte, Millesimo y Dego dividió al enemigo. Luego de caminar mucho en la nieve, el ascenso llegó a su punto máximo, el paso de Montezzemolo. A los pies de Bonaparte y de sus hombres se extendía la llanura, embellecida por la primavera, surcada a lo lejos por el Po y otros ríos. La formidable tensión de aquel abril de 1796 que pasaba tan rápido, se disolvió en gritos de júbilo.

Abajo, Bonaparte entabló la batalla de Mondovi, cuyo triunfo terminó de abrirles a los franceses los caminos del Piamonte y la Lombardía. Obligó entonces a los reyes del Piamonte y de Cerdeña a firmar sendos armisticios que le aseguraban todos los productos de sus tierras, y al duque de Parma le impuso una contribución de dos millones de francos oro y la provisión de mil setecientos caballos. El 10 de mayo las tropas se hallaban cerca de Lodi, 60 kilómetros al sureste de Milán. El lugar por el cual debían pasar el río Adda estaba defendido por 10.000 hombres. Bonaparte arremetió a la cabeza de su batallón de granaderos desafiando las balas enemigas, y en pocos minutos los austríacos fueron rechazados. Estos dejaron 2.000

bajas, entre cadáveres y heridos, quince cañones y un enorme botín. "Sólo la noche de Lodi —contó Bonaparte muchos años después— se me ocurrió la idea de que muy bien podría llegar a ser un actor decisivo de nuestra escena política. Entonces nació la primera chispa de la más alta ambición... Veía al mundo huir por debajo de mí, como si yo fuera llevado por los aires".

Sin embargo, al otro día de la batalla recibió un comunicado del Directorio donde se le ordenaba que en adelante debia compartir el mando con Kellerman, a quien enviarían de París. Bonaparte contestó en una larga carta: "No puedo servir gustoso con un hombre que se cree el primer general de Europa; y, por otra parte, creo que más valdría un mal general que dos buenos. La guerra, como el gobierno, es cuestión de tacto". El Directorio no insistió. Y aunque en adelante Bonaparte se sintió dueño de la situación, no dejó durante meses de redactar sus informes en el tono de un subordinado, aconsejando en vez de amenazar.

A mediados de mayo entró en Milán. La ciudad entera quedó boquiabierta con el espectáculo de sus hombres exhaustos, vistiendo uniformes remendados, en cabalgaduras flaquísimas, que desfilaban por las calles a la cabeza de ese hombre menudo montado en un caballo blanco, del cual descendió cuando el viejo arzobispo y su comitiva le quisieron dar la bienvenida. Impasible, cortés y condescendiente, Bonaparte los escuchó guardando cierta distancia. Dejó pasar unos instantes de silencio y dijo: "Francia se halla bien dispuesta con respecto a la Lombardía". Y de inmediato montó para continuar el camino. Todos supieron que no era el orgullo lo que movía al libertador, sino una férrea voluntad.

Pero, ¿de qué los liberaba? Del yugo de los Habsburgo, del rey de Cerdeña, de los príncipes y los senadores, decían sus manifiestos. Esa noche hubo una fiesta y fuegos artificiales. Bonaparte anunció que él mismo iba a escoger a cincuenta ciudadanos para gobernar el país en nombre de Francia, la cual ofrecía su amistad a la nueva república, cuya capital, a partir de entonces, era Milán. Italiano por el nombre, la sangre y la lengua materna, no vieron en Bonaparte a un soldado francés, sino al heraldo de la Libertad y la Fraternidad.

La guerra continuó. En junio, las tropas de Murat ocuparon Liorna, Bolonia cayó en manos de Augereau, y Bonaparte se instaló en Módena. Se apoderó de la Toscana, cuya neutralidad no tuvo en cuenta, como le sucedió a otros estados italianos que fueron víctimas del pillaje de los soldados a pesar de los grandes esfuerzos de su general: "Es menester que juréis respetar a los pueblos que libertáis... Vuestras victorias, vuestro valor, vuestro triunfo, la sangre de vuestros hermanos muertos en la batalla, todo se perdería, todo, hasta la misma gloria y el honor...". Palabras que en muchas ocasiones Bonaparte se vio obligado a recordar ordenando fusilamientos. Sin embargo, promovió el saqueo de pólvora, cañones, fusiles, obras de arte... buena parte de lo cual envió al Directorio, tan necesitado de recursos en esos años en que agonizaba la Revolución, y con los cuales fue comprando calladamente a sus jefes.

Se dirigió entonces a Mantua, 130 kilómetros al sureste de Milán, una de las más poderosas plazas fuertes de Europa.

Los sitiados pidieron auxilio a los austríacos, que enviaron rápidamente 30.000 hombres al mando del general Wurmser, quien luego de rechazar las tropas de Masséna y de Augereau que salieron a su encuentro, rompió el cerco y entró en la ciudad. Bonaparte se abalanzó con todas sus fuerzas sobre la columna austríaca que trataba de cortar las comunicaciones francesas con Milán y la derrotó en tres combates. Wurmser salió de Mantua y, después de vencer a varios destacamentos franceses, se encontró frente a Bonaparte el 5 de agosto cerca de Castiglione, 100 kilómetros al sureste de Milán, donde sufrió una terrible derrota. "El enemigo ha perdido, querida amiga, dieciocho mil hombres que hemos hecho prisioneros —escribió a Josefina—; el resto ha sido muerto o herido. Wurmser no tiene más recurso que el de retirarse sobre Mantua. Jamás habíamos obtenido éxitos tan grandes y constantes. Italia, Friul y el Tirol quedan asegurados a la República... ".

Josefina estaba dichosa en París, brillando como la esposa de ese general de quien hablaba todo el mundo y cuyas hazañas llenaban los periódicos. "El amor que me has inspirado me quita la razón. Mi vida es una pesadilla perpetua. Un presentimiento funesto me impide hasta respirar", le decía en otra carta. "Estoy desesperado; mi mujer no viene. Algún amante la retiene en París. Maldigo a todas las mujeres", escribió a Lázaro Carnot, uno de los miembros del Directorio. Y a José: " ...sabes que nunca había amado, que Josefina es la primera mujer que adoro... deseo ardientemente que venga; tengo necesidad de verla, de estrecharla contra mi corazón; la amo furiosamente y no puedo permanecer lejos de ella". ¡Palabras que reflejaban un estado de ánimo tan distinto al de su notable sangre fría en el campo de batalla, de su claridad intelectual en la administración de los territorios conquistados, de su arte consumado de político! Curioso contraste entre el hombre duro que hacía la guerra y el joven esposo enamorado. Por insistencia de su hermano, Josefina viajó a Milán.

De nuevo, Bonaparte sitió Mantua, donde se había guarnecido Wurmser con el resto de sus hombres tras la batalla de Castiglione. Austria envió otro ejército a las órdenes Alvinczy, uno de sus mejores generales. Bonaparte salió a su encuentro con 28.500 hombres, dejando 8.300 en torno a Mantua. El 15 de noviembre de 1796 estaba cerca de la población de Arcola, 45 kilómetros al noreste de Mantua, sobre un puente que cruzaba el Adige, bombardeado por el enemigo. He aquí el momento más crítico de la campaña. Inferiores en número, los franceses no consiguieron atravesar el río la primera jornada de la batalla, y Bonaparte casi pierde la vida si no es por el auxilio de su hermano Luis y de Marmont. La segunda jornada fue igualmente infructuosa. Al tercer día recurrió a toda su astucia a la hora de maniobrar el Ejército y engañar al enemigo. En el minuto decisivo tomó una bandera y se lanzó hacia adelante, gritando a sus hombres: "¿Sois unos cobardes o los vencedores de Lodi?". Alvinczy fue derrotado.

En otra batalla ganada a mediados de enero de 1797, los franceses pusieron en fuga a su enemigo, que ya no pensó más en liberar a Mantua ni al ejército de Wurmser, quien capituló dos semanas y media después de la batalla de Rívoli. "He hecho la campaña sin consultar a nadie", escribió al Directorio cuando éste, que le vigilaba, le pidió que dejara en manos de los comisarios los asuntos diplomáticos. Y dispuesto a seguir colmando las necesidades materiales de sus superiores, agregó: "Mañana salen de Milán cien caballos de tiro, los más hermosos que se han podido hallar en Lombardía; servirán para reemplazar los caballos mediocres que tiran de vuestros coches".

Estando en Milán y a pesar de la oposición del Directorio, que temblaba ante la creciente popularidad de su general, Bonaparte fundó con los Estados del norte de Italia la República Cisalpina, primer paso en su inmenso proyecto de integrar los Estados Unidos de Europa. Luego inició negociaciones con el emperador Francisco, pues las tropas francesas no estaban lejos de Viena. Y cuando supo que en Venecia habían estallado motines contra sus hombres, ordenó ocupar la ciudad, cuyo dux, el día de la rendición, cayó muerto de repente a sus 90 años. Fue el último dux de Venecia, y Bonaparte nunca olvidó la escena.

¿Qué tipo de hombre era Bonaparte a sus veintiocho años, cuando ocupó el castillo de Montebello, cerca de Milán, mientras se adelantaban las negociaciones con Austria? Era no solo un talentoso militar con dotes comprobadas de estadista, sino también un hombre nacido para reinar. Se rodeó de poetas, historiadores, sabios y artistas; encargó la elaboración de un catálogo de las colecciones de los Estados italianos, a la espera del momento de obligarlos a enviar sus piezas más preciosas a Francia; hizo copiar la música italiana para el Conservatorio de París, y mantuvo a su lado a un hábil periodista encargado de influir a su favor en la opinión pública francesa. En Montebello estaba Murat, jinete deslumbrante; Augereau, todo rudeza; Berthier, flaco y desgarbado; estaba el mundano Marmont; el taciturno Soult; el turbulento Junot. Todos estos generales suyos compartían la mesa con sus hermanos y con Letizia, quien poco o nada soportaba a Josefina, pues ésta siguió en Milán su ligera vida de fiestas y amantes. Montebello parecía más una corte que un cuartel general.

Aquellos que visitaban a Bonaparte por razones de Estado, siempre destacaban en sus informes la sencillez de su indumentaria y su franca dignidad.

Emanaba de su personalidad —escribió un testigo— un no sé qué que imponía a cuantos se le aproximaban. Aunque fuese un poco torpe en sus movimientos, había tanta firmeza en su mirada y en su palabra que todos le obedecían. En público, todavía procuraba aumentar el efecto que producía, pero en la intimidad era sencillo y familiar, aficionado a las bromas, pero sin molestar nunca a nadie... Trabajaba con una gran facilidad... Tenía necesidad de dormir mucho, como todos los temperamentos nerviosos cuyo espíritu se halla constantemente alerta... Estaba dotado de la preciosa cualidad de poder dormir donde y cuando quería. Le agradaba el ejercicio violento y montaba mucho a caballo; pero, aunque más aficionado al galope que al paso, hay que reconocer que montaba mal.

Como parte de la campaña de Italia, Bonaparte también se apoderó de Córcega, a donde Letizia regresó en medio de las aclamaciones, y de Corfú (en el mar Jónico), como una manera de hacer, en parte, realidad el sueño de fundar un imperio en Oriente. Con el papa Pío VI, que había colaborado a través de todos sus medios del lado de Austria, también ajustó cuentas y lo obligó a firmar la paz y a entregar a Francia lo más rico de sus territorios, 30 millones de francos oro y cien cuadros, vasos y esculturas escogidos por una comisión.

Estando en Milán, Bonaparte estableció contacto por vez primera con el nuevo Ministro de Relaciones Exteriores de Francia, Charles Maurice Talleyrand. De la antigua nobleza francesa, el ex obispo Talleyrand era frío, sagaz, sin convicciones ni pasiones —excepto el fervor por el dinero—, y de una vasta inteligencia que en la primera carta dejó una profunda impresión en Bonaparte. Desde el principio, cada uno supo que el otro era un aliado y, al mismo tiempo, un rival al cual era necesario domeñar.

El 17 de octubre de 1797, después de que Bonaparte estallara un jarrón contra el suelo, deshaciéndose en improperios por causa de la demora en las negociaciones, los diplomáticos austríacos firmaron la paz de Campo-Formio. Las escenas en las cuales fingía crisis de cólera eran parte de sus recursos a la hora de subyugar a los hombres y los pueblos, y en este caso sirvió para dar término a seis años de guerra. Al día siguiente escribió al Directorio, el cual acababa de pasar por una crisis que había reducido a tres el número de sus miembros: "Es indispensable para nuestro Gobierno destruir cuanto antes la monarquía inglesa... Concentremos todos nuestros esfuerzos en la construcción de nuestra flota y Europa quedará a nuestros pies". Con la paz en el bolsillo, había llegado la hora de regresar a París. Por esos días dijo a su amigo Bourriene: "¿Te parece que he hecho bastante?.. Si yo muriese ahora, no tendría, dentro de diez siglos, ni media página en una historia universal".

El 7 de diciembre de 1797, Bonaparte hizo su entrada triunfal en la capital. En el patio principal del Palacio de Luxemburgo habían sido dispuestas las armas y banderas tomadas al enemigo. La ciudad entera estaba de fiesta y quería ver al artífice de todo aquello. Talleyrand leyó un discurso hábil y brillante, en el cual elogiaba la sencillez primitiva del general que, desdeñando la gloria, había salvado al país. Luego habló Bonaparte como un verdadero estadista. Los aplausos y las aclamaciones no estaban dirigidas a sus palabras, sino al hombre, cuyo magnetismo alcanzó a tocar el corazón de la masa que lo veía ese día.

Lo que mejor puedo hacer es aguardar los acontecimientos —pensaba en esas primeras semanas en París—, debo evitar mezclarme con los políticos sin dejar de vigilar al Directorio. Su autoridad disminuye todos los días. Dejemos que se enrede en asuntos difíciles hasta que no tenga salida. ¿Para qué convertirme en su ayuda precisamente ahora que parece al borde del derrumbe? Pero también es cierto que esta ciudad no conserva el recuerdo de nada. Si permanezco mucho tiempo inactivo, estoy perdido. ¡Es preciso ocupar la imaginación del pueblo!

Y retomando esa idea que venía trabajando desde Italia, se propuso esbozar un plan encaminado a atacar a Inglaterra. Luego de largos trabajos preliminares, llegó a las costas de La Mancha. Calculó, inspeccionó, interrogó a todo el mundo, incluyendo pescadores y contrabandistas, antes de enviar un largo informe a Barrás: "Verificar un desembarco en Inglaterra es la operación más audaz y más difícil que pueda llevarse a cabo... El verdadero momento de prepararse para esta expedición ha pasado ya, y tal vez para siempre".

Mejor sería emprender primero una campaña contra el comercio inglés en Egipto. La propuesta les cayó como anillo al dedo a los hombres del Directorio, quienes de inmediato le ofrecieron el mando de la expedición y toda la ayuda necesaria. ¡Que Bonaparte se vaya lejos! Que ojalá encuentre la muerte en las arenas... El jefe del Ejército de Oriente —tal fue el nombramiento que Napoleón mismo se adjudicó— obtuvo plenos poderes. De inmediato se entregó a la tarea de preparar su nueva empresa, cuyo fin era apoderarse de Malta y Egipto, echar del mar Rojo a los ingleses y abrir el istmo de Suez a la navegación francesa. El Mediterráneo era su patria y, por encima de todo, le obsesionaba el recuerdo de Alejandro Magno, que había querido hacer de Egipto el centro de su imperio mundial.

Un espléndido día de mayo de 1798, cuatrocientos veleros salieron de Tolón. Por el mar andaba Nelson, explorando el horizonte con un catalejo a la caza de Bonaparte, de cuya expedición le habían llegado rumores. Una tempestad trastornó su patrullaje y los franceses, que corrieron con mucha suerte, sin saberlo se salvaron de un ataque por parte del más grande almirante que han tenido los ingleses, a quien la rabia le arrancó esta frase: "El demonio protege a los suyos". Bonaparte se apoderó de un zarpazo de Malta, importante posesión británica, y siguió su camino.

Aquellos barcos transportaban más de 2.000 cañones, cajas con instrumentos, libros, y una legión de astrónomos, geómetras, mineralogistas, químicos, anticuarios, constructores de puentes y calzadas, orientalistas, economistas, pintores y poetas... Ciento setenta y cinco sabios escogidos por Napoleón.

Toda una universidad que tenía como misión desvelar los misterios del reino de los faraones. Enemigo de la holganza, Bonaparte se distraía escuchando los relatos de viajes por Egipto que leía Bourrienne o las discusiones que él mismo alentaba sobre matemáticas y religión, temas especialmente afines a su espíritu racionalista e imaginativo.

En las noches de mucho calor, Bonaparte se tendía en cubierta en compañía de Laplace y del matemático Gaspard Monge, que fue su profesor; de Menge y Desaix; de Kléber y el químico Claude-Louis Berthollet; de Berthier... hombres de ciencia y militares que divagaban en torno a la vida en otros planetas, a la Creación. En alguna de aquellas veladas todos estuvieron de acuerdo en que era necesario un naturalista, antes que un dios, para explicar el mundo. Entonces Bonaparte rompió su silencio al tiempo que mostraba las estrellas: "Pueden decir cuanto quieran, señores, pero ¿quién ha hecho todo eso?".

Los franceses desembarcaron en Alejandría y tomaron la ciudad. Luego se dirigieron al sur a través del desierto. Los habitantes de las ciudades huían abandonando sus casas y envenenando los pozos. El 20 de julio de 1798 Bonaparte pasó revista. "¡Soldados, cuarenta siglos os contemplan!", dijo, señalando las pirámides a lo lejos, justo antes de entrar en combate contra 8.000 mamelucos, los mejores jinetes del mundo. Los franceses los rechazaron con la artillería, se apoderaron de su campamento y sabiendo que muchos llevaban consigo su oro, los hostigaron desde las orillas mientras trataban de escapar a nado o a remo por el Nilo.

En El Cairo, Bonaparte se presentó fingiendo devoción a los turcos y al Sultán, y asegurando que sólo quería combatir a los beyes mamelucos, sus enemigos.

> Tú, que debieras ser el amo de los beyes, y al que no obstante privan éstos en El Cairo de la autoridad y el poder, tú verás mi llegada con satisfacción... Sin duda estás ya informado de que no vengo a intentar nada contra el Corán ni contra el Sultán... Ven, pues, a mi encuentro, y maldice conmigo la raza impía de los beyes.

El estilo de esta carta de Bonaparte dirigida al bajá de Egipto no era sino el resultado de su lectura del Corán, que guardaba en el baúl de las obras políticas y que consultó a lo largo de toda la campaña, como una manera de conocer y trastocar en su favor el alma del pueblo que pretendía conquistar. Como en Italia, apeló al sentimiento religioso a la hora de completar sus decisiones diplomáticas y militares, y por eso prohibió rigurosamente desde el pillaje hasta el acceso a las mezquitas, incluso las reuniones en las puertas de las mismas. Gracias a la lisonja, la tolerancia y la intriga, en pocas semanas Bonaparte adquirió gran autoridad.

Pero, ¿cuál era el ser humano que respiraba tras la máscara del conquistador? Después de contarle a José que Egipto era el país más rico en trigo, lino, legumbres y carnes que existía sobre la Tierra, a pesar de la barbarie que allí encontró y de la pobreza que impedía el pago de las tropas, confesó: "Tengo muchas penas domésticas, pues se ha desgarrado el velo". Se enteró de que Josefina le era infiel, y París también lo sabía.

Es una situación muy triste la de tener a la vez todos los sentimientos por una misma persona en un solo corazón... estoy harto de la humanidad. Tengo necesidad de soledad y aislamiento; las grandezas me aburren... La gloria es insípida a los veintinueve años; lo he agotado todo...

Un duro golpe encendió su valor. La flota, anclada e indefensa en Abukir, a pocos kilómetros al este de Alejandría, fue destruida por Nelson, por lo que Bonaparte y sus 40.000 soldados quedaron totalmente aislados de Francia. Cuando recibió la noticia, palideció, pero al cabo de unos instantes, comprendiendo que él era el único que podía restablecer la confianza, dijo a su Estado Mayor: "¡Está bien! Es menester saber erguir la cabeza por encima de un mar de borrasca que ya acabará por calmarse. Tal vez estemos destinados a cambiar la faz de las cosas en Oriente. Tendremos que morir aquí, o salir tan grandes como los antiguos". Vinieron semanas sin cartas o periódicos con noticias de Europa. "El Directorio no es más que una inmundicia... Me envidian y me odian; me dejarán perecer aquí", dijo.

Sin embargo, la poca actividad a que se vio sometido Bonaparte dejó espacio a su imaginación.

En Egipto —escribió años después— me encontraba desembarazado del freno de una civilización molesta; soñaba un sinfín de cosas y veía los medios de ejecutar todo lo que había soñado... me veía en el camino de Asia, montando un elefante, con el turbante en la cabeza y en la mano un nuevo Corán, compuesto a mi gusto.

El clima, la ira contra la esposa infiel y el ocio lo condujeron a una escaramuza amorosa con una rubia de ojos azules que había viajado en el barco, disfrazada de hombre...

Aquellas circunstancias resultaron propicias al pleno desarrollo de los trabajos del Instituto, integrado por los sabios venidos de Francia y fundado por Bonaparte en aquellas soledades. Ávido siempre de conocimientos, colaboró desde el principio y en pie de igualdad con los demás: "Estás en un error, amigo mío, y te estás volviendo grosero", le replicó Berthollet en un debate académico en el cual Bonaparte se encolerizó. Por fuera de las actividades del Instituto, nadie se atrevía a contradecirlo.

Los sabios imprimieron una gramática; limpiaron los templos del Alto Egipto; recibieron de manos de un oficial una losa de granito encontrada en Rosetta, la cual estaba destinada a convertirse en pieza clave de la egiptología; se entregaron al estudio de la fauna acuática del Nilo y a la flora del delta y el mar Rojo, la composición de la arena y de los minerales, las posibilidades de explotación de las salinas y de los sedimentos de limo del río, los orígenes de la peste y del tracoma que dejaba ciega a la mitad de la población nativa. Nada retenía tanto la atención

Aunque al momento de la campaña de Egipto los científicos franceses no lo sabían, la piedra de Rosetta encontrada por un oficial traía el mismo texto en griego, demótico y trazos jeroglíficos. Correspondió al orientalista francés y fundador de la egiptología, Jean-François Champollion (1790-1832), descifrar los trazos jeroglíficos a partir de la minuciosa y metódica comparación de los mismos con los textos en griego y demótico. Aquel logro fue uno de los puntos de arranque a la hora de penetrar en los misterios del antiguo Egipto.

de Bonaparte como la posibilidad de comunicar el Mediterráneo y el mar Rojo. Sus observaciones, recogidas en largas excursiones por el desierto, fueron confirmadas medio siglo después por Ferdinand de Lesseps, el ingeniero que abrió el canal de Suez y el mismo que inició la construcción del canal que unió los océanos Pacífico y Atlántico en el istmo de Panamá. Después de todo, la formación matemática de Bonaparte y su constante curiosidad por todo aquello que lo rodeaba eran atributos que le permitían un diálogo enriquecedor y fluido con la ciencia.

¡Al fin llegaron noticias de París! La destrucción de la flota había alentado a Rusia, Inglaterra, Austria, Nápoles y Turquía a integrar una segunda coalición contra Francia. El general turco Achmed Bajá se puso en marcha hacia El Cairo, donde la noticia prendió la sublevación. Los cañones de Bonaparte mantuvieron a raya a los revoltosos, cuyas cabezas fueron exhibidas en las picas. El sueño de hacer de Egipto la base de operaciones contra la India se vino abajo. Otro sueño vino a reemplazarlo:

Sublevo y doy armas a Siria... marcho contra Damasco y Alepo; aumento mi ejército, a medida que avanzo por el país con todos los descontentos. Anuncio al pueblo la abolición de la esclavitud y del gobierno tiránico de los bajás. Llego a Constantinopla con masas armadas; derribo al imperio turco, fundo en Oriente un nuevo y grande imperio que me asegurará un nombre ante la posteridad, y tal vez regrese a París por Adrianópolis o Viena, después de haber aniquilado la casa de Austria.

A la vanguardia de sus hombres, Bonaparte salió entonces hacia Siria al encuentro de los turcos. Marchaban sobre todo de noche, haciendo a veces 70 kilómetros en quince horas, a través de un territorio carente de caminos y de oasis, resignándose al "agua salobre, a veces ni esto; hemos comido perros, asnos, camellos", escribió Bonaparte en su diario. En marzo de 1799, con la rendición de la ciudad de Jafa (en el actual Israel), 3.000 turcos fueron hechos prisioneros, lo cual supuso una problemática situación, pues no había raciones para alimentarlos, ni barcos para enviarlos a Francia, ni era prudente dejarlos en libertad. En el consejo que se celebró, todos estuvieron de acuerdo en que lo más conveniente era sacrificarlos. Bonaparte vaciló, pero al cabo de tres días los prisioneros fueron conducidos al mar y pasados a cuchillo. No había suficiente munición para acometer fusilamientos.

Los franceses pronto llegaron a San Juan de Acre, también en Israel. La fortaleza no era importante, pero disponía de un armamento moderno y Bonaparte la sitió. Uno, dos, tres asaltos que fracasaron, antes de que aparecieran los barcos ingleses en la rada. Al cabo de dos meses que dejaron numerosas bajas en ambos bandos y cuando las tropas ya estaban murmurando su descontento, Bonaparte ordenó levantar el sitio —la paciencia no era propiamente su virtud— y emprender el regreso a Egipto.

Seis mil hombres faltos de caballos y dos mil enfermos se arrastraban por el desierto. Sin el menor temor, Bonaparte visitaba las tiendas-hospital para infundir ánimo entre los apestados. Ordenó rematar por medio del opio a cincuenta de ellos que el médico consideraba perdidos. ¡El Cairo! Con una entrada impresionante, precedidos de los trofeos, acompañados de proclamas y desfiles, se procuró en vano engañar a los egipcios. Entre tanto, los turcos se aproximaban por el mar. La suerte de los franceses se jugó de nuevo en Abukir, justo un año después del ataque naval. Bonaparte los dejó arribar y logró poner fuera de combate a un ejército considerablemente más fuerte que el suyo.

A los pocos días de la victoria y como si se tratara de oro en polvo, un edecán llevó a su tienda un atado de periódicos extranjeros que Bonaparte devoró en una noche.

He decidido regresar a Francia —dijo al día siguiente a Marmont—. La mala suerte persigue a nuestras armas... Italia está perdida. ¿Pero qué esperar, también, de esos incapaces colocados al frente del Gobierno? Todo en ellos es ignorancia, estupidez o corrupción. Soy yo, sólo yo, quien ha soportado el peso y, por medio de triunfos continuos, dado consistencia a ese gobierno... En Francia mi presencia, exaltando los espíritus, dará al ejército la confianza que le falta y a los buenos ciudadanos la esperanza de un porvenir mejor.

Bonaparte entonces entregó a Kléber el mando del Ejército, y zarpó el 23 de agosto de 1799. Sus días en Egipto habían terminado, no sin dejar de levantar palabras de desconcierto entre todos aquellos que lo habían acompañado. Algunos lo tacharon de desertor. Pero su sueño de guerra en Oriente se había cumplido... por ahora, y al otro lado del Mediterráneo, más allá de Córcega, el porvenir lo esperaba.

Los años del Consulado

Con todo sigilo, dos navíos se deslizaban hacia el noroeste en medio de los buques ingleses diseminados a lo largo y ancho del Mediterráneo. En cada uno iban 250 hombres escogidos por Bonaparte, que viajaba a bordo del *Muiron*. En las noches, con las lámparas totalmente apagadas, solía distraer la incertidumbre de la travesía jugando a los naipes. A veces hacía trampa, sólo por gastar una broma, pues a la mañana siguiente devolvía a cada quien el dinero con una carcajada de soldado. Era el gesto de un aventurero que sin mucho pesar había salido de Egipto dejando en tablas la partida. "No logramos penetrar en la India ni hacer mayor daño a Inglaterra, pero, ¿la idea no era fundar una colonia? Pues ahí está. Además nos desquitamos de los turcos...", pensaba mientras escrutaba el horizonte sin volver ni por un segundo la mirada.

Al cabo de seis semanas vislumbró una costa que le resultó familiar. Sí... era Córcega. Todo el mundo se agolpó en el muelle de Ajaccio con tal de saludarlo, y Bonaparte estrechaba con indiferencia todas las manos que le tendían recordando la humillación que, cuando el destierro, esa misma gente le había infligido. Pasó unos cuantos días en casa de sus antepasados, se nutrió de noticias y zarpó de nuevo con sus hombres.

Faltó poco para que, en último momento, cuando buscaban desembarcar en Tolón, fuesen descubiertos por los ingleses. La caída de la noche los obligó a tocar tierra en Fréjus, donde a la mañana siguiente una muchedumbre delirante escoltó su coche a través del pueblecito. "Cualquiera diría que me esperaban. Todo parece indicar que escogí el momento oportuno para regresar", pensaba Bonaparte, que interrogaba sin cesar a quienes iba encontrando en su camino. "El Directorio le espera, general, a usted y a los valientes que dirige", decía la carta que le enviaron sus jefes.

La ruta se convirtió en una verdadera vía triunfal. Valence... Lyon... París, donde la población enloquecida se echó a las calles para recibirlo el 16 de octubre de 1799. Se reunió con Letizia y sus hermanos, que se apresuraron a proporcionarle toda la información que necesitaba. Le dijeron que en su ausencia Josefina se había portado de manera escandalosa. Sus amigos hicieron cuanto pudieron para ponerlo en guardia contra el ridículo de un divorcio, pero Bonaparte dijo que eso era cosa resuelta. Josefina imploró, y al cabo de tres días fue perdonada por el esposo, que sin caer en reproche alguno canceló sus cuantiosas deudas.

El Directorio —Siéyès, Barrás, Gohier, Ducos y Moulin— estaba lejos de contar con el apoyo de las masas; la burguesía y el campesinado soñaban con la paz y el resurgimiento comercial; el estado del tesoro era lamentable; la carestía andaba por las nubes; el fantasma del descontento rondaba las filas del Ejército; la gloria de Francia había sido eclipsada por la pérdida de Italia, que llegó a ser la principal fuente de materia prima de las fábricas de seda de Lyon... Las circunstancias estaban maduras para un golpe de Estado. Con la complicidad de Luciano, Ducos, Siéyès, Talleyrand y otros, Bonaparte se hizo al poder el 18 y 19 brumario, es decir, 9 y 10 de noviembre, tres semanas después de su regreso de Egipto.

Un mes después quedó aprobada una nueva constitución: a la cabeza de la República estaba Bonaparte, investido de plenos poderes, y Siéyès y Ducos en calidad de consejeros. Los tres cónsules, nombrados para un período de diez años, pasaron a ocupar el palacio de las Tullerías, y fueron elegidos por el Senado, que designaba también a los miembros del cuerpo legislativo y del tribunal entre los candidatos elegidos por el pueblo.

El primer Cónsul tomó entonces las riendas del Gobierno y a los treinta años emprendió la gigantesca tarea de echar los fundamentos de la organización administrativa y jurídica de la Francia moderna. La burguesía empezó a ejercer un papel director, gracias al advenimiento de las condiciones que garantizaron un enri-

El 18 brumario, Luciano, presidente del Consejo de los Quinientos y temible orador, hizo votar a toda prisa el nombramiento de su hermano como Gobernador de París, tal y como habían acordado los conspiradores, quienes maniobraron hábilmente para hacer a un lado a los potenciales opositores: Moulin, Barrás, Gohier... "¡Ya no existe el Directorio!", gritó Bonaparte a uno de ellos al final del día. "¡La República está en peligro y yo quiero salvarla!". La cosa había sido fácil... hasta esa jornada. "¡Habría debido concluirse todo en un solo día!... ¡Es preciso disolver las cámaras con la ayuda de las tropas y detener a los diputados más peligrosos!", exclamaba Luciano en la noche. "¡Nada de fuerza armada! El pueblo entero debe haber tomado parte en la decisión mediante el voto de los diputados", replicó Napoleón, a quien le preocupaba, sobre todo, salvar las apariencias de legalidad.

En la mañana del 19 brumario Bonaparte irrumpió en la Cámara de los Ancianos y tomó la palabra. Lo único que logró con su discurso fue despertar risas, desconcierto, malestar... "¡Recordad que yo marcho acompañado del dios de la guerra y del dios de la fortuna!". Bourriene se abrió paso y lo tomó del brazo: "¡Cuidado, general, no sabe usted lo que dice!". Napoleón se dirigió entonces al Consejo de los Quinientos en compañía de cuatro gigantescos granaderos. Al verlos, los jacobinos gritaron. "¿Qué quiere decir todo esto?.. ¿Sables aquí?..". Y algunos intentaron golpearlo. Los granaderos lo rodearon, y después de una lucha furiosa lo llevaron fuera. Pero Luciano acabó por decidir a los soldados que estaban a las órdenes de su hermano y, conducidos por Murat, entraron al atardecer en la sala de sesiones al grito de "¡Viva Bonaparte!". Haciendo bromas, echaron a los diputados sin herir a ninguno.

quecimiento tranquilo a través del comercio y la industria.

Para esa tarea Bonaparte supo rodearse de ciudadanos trabajadores y de mérito, situándolos en cargos importantes. La cuna y la intriga dejaron de valer. En torno a una mesa oval en las Tullerías, unos veinte hombres —jóvenes y viejos, técnicos y teóricos, venidos de las oficinas, de las fábricas y de los campos de batalla— discutían los más variados asuntos públicos. Laplace, en la cartera del Ministerio del Interior, era uno de ellos. "No están ustedes aquí para compartir mi parecer, sino para darme el suyo", les decía Bonaparte. "Yo lo compararé en seguida con el mío, para juzgar cuál es el mejor". Tales sesiones, que con frecuencia no comenzaban sino a las nueve de la noche, pues el primer Cónsul se hallaba ocupado durante el día en despachar los asuntos urgentes, terminaban a veces a las cinco de la mañana. Con su memoria infalible, exigía a cada uno de sus ministros informes detallados, los abrumaba de trabajo, les enviaba comunicados a sus casas. "Se halla a la cabeza de todo

—escribió uno de sus colaboradores—; gobierna, administra, negocia, trabaja cada día dieciocho horas con la inteligencia más clara y el cerebro mejor organizado".

Si algo dejó en claro el Consulado, fue que los esfuerzos de su jefe no apuntaban a la guerra y las conquistas, sino al orden y la paz. "Francia es un país muy noble y muy inteligente para someterse al poder material y para sentir el culto de la fuerza... A la larga, el sable es derrotado siempre por el espíritu", decía.

En 1799, Bonaparte encomendó a tres eminentes juristas la redacción del *Código Civil*, llamado más tarde *Código Napoleónico*. El primer Cónsul no solamente conocía el alma humana, sino que estaba dotado de una facultad de abstracción que le permitía reducir los hechos a esquemas de orden general. El equilibrio que establecía entre la teoría y la práctica le hacía particularmente apto para la creación de leyes.

El *Código Civil* o *Código Napoleónico* simboliza, más para los europeos que para los franceses, la revolución social, ya que confirmó varios de los grandes principios que se enunciaron en 1789: libertad de la persona, libertad de conciencia y de trabajo, e igualdad ante la ley. El *Código* cerró completamente el camino a la antigua nobleza y a los derechos feudales. Además, junto a diversas medidas parciales que se adoptaron, fue bastante más lejos de lo que habían llegado las asambleas revolucionarias. Todo esto, en un sentido favorable a la burguesía moderada.

A finales de ese año, el Consulado abrió las oficinas de recaudación en cada provincia; en enero de 1800 fundó el Banco de Francia y al año siguiente instituyó una nueva Administración de Aguas y Bosques y del Catastro. El gobierno erradicó con dureza el bandidaje, comenzó a amortizar las deudas y sus intereses, renovó las cámaras de comercio; reglamentó la bolsa, ahogó la especulación, descubrió el fraude de los proveedores del Ejército y de ciertos oficiales, reanimó la industria... Poco a poco, esa extraordinaria máquina que era Francia volvió a ponerse en marcha después de diez años. De hecho, la proclama que presentó al pueblo la nueva Constitución decía: "Ciudadanos, la Revolución se ha detenido en los principios que le dieron comienzo. La Revolución ha terminado".

No así la guerra. Gracias a la segunda coalición, Austria había recuperado el norte de Italia, donde concentró grandes fuerzas militares que tenía intención de utilizar contra Francia. En mayo de 1800 Bonaparte atravesó los Alpes por la garganta del Gran San Bernardo, hazaña que Aníbal había llevado a cabo dos mil años antes. El enemigo estaba lejos de sospechar la proximidad de los franceses, que avanzaban bajo el hechizo del mismo general que los había conducido por vez primera al rico Piamonte.

Entró en Pavía, y el 14 junio obligó a los austriacos a presentar batalla. Inferiores en número, las cargas del primer Cónsul fueron rechazadas a lo largo de la jornada y a las cinco de la tarde sus hombres empezaron a flaquear. Todo parecía perdido. De pie, al borde del camino, nada podía contra la inminente desbandada. "¡Esperen! Las reservas van a llegar. ¡Esperen una hora todavía!". Pero todos huían bajo un diluvio de proyectiles. Apareció entonces el general Desaix al frente de su batallón, el pánico cesó en el acto, y las tropas, reagrupadas,

Retrato de Napoleón.
Grabado.

Arriba:
Napoleón en la Batalla de Jena (1806).
Ésta y la de Auerstädt fueron enfrentamientos decisivos
para que Bonaparte se coronara Emperador de Europa continental.
Grabado de Vernet.

Páginas anteriores:
Consagración del Emperador Napoleón I y Coronación de la Emperatriz Josefina.
Pintura de Jacques-Louis David.
A pesar de que la tradición dictaba que el Papa coronara a los reyes
—y, por lo tanto, a los emperadores—,
Napoleón se autocoronó en Notre Dame el 2 de diciembre de 1804.

Napoleón atravesando los Alpes.
*Uno de los tantos retratos que Jacques-Louis David hizo
como pintor oficial del Imperio. Circa, 1800.*

Retrato de la Emperatriz Josefina de Francia,
primera esposa de Napoleón. Grabado.

Retrato de Napoleón.
Un grabado de B. Roger según la pintura de Muneret.

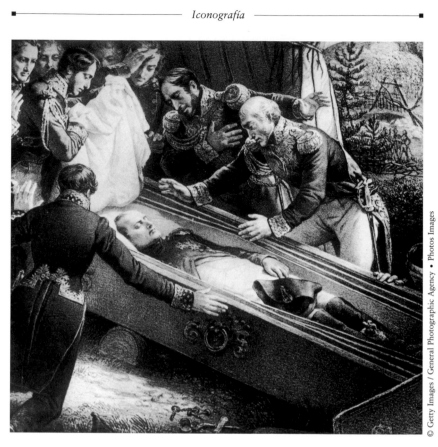

Arriba:
*Un grupo de oficiales ingleses junto al cuerpo de Napoleón
tras su muerte en la isla de Santa Elena
el 5 de mayo de 1821.*

pasaron a la ofensiva. Dos horas más tarde los franceses obtuvieron la victoria. Desaix, que cayó en combate, nunca lo supo.

"Desde el campo de batalla de Marengo, en medio de los sufrimientos y rodeado de 15.000 cadáveres, conjuro a vuestra majestad a que escuche el grito de la humanidad... Demos el reposo y la tranquilidad a la generación actual", decía la larga carta que Bonaparte envió al emperador Francisco, la cual, por vez primera, puso a plena luz su ardiente deseo de paz. Aunque amaba la vida de campamento, Napoleón era, ante todo, un hombre de Estado.

La carta no surtió aún el efecto que esperaba, y el primer Cónsul partió a Milán y luego a París, llena de júbilo por la victoria de Marengo. Otros no estaban tan contentos: en diciembre de ese año de 1800, cuando iba en coche a la Ópera en compañía de Josefina y su hija, una carreta sin caballo los detuvo en una estrecha calle. Una vez retirada y apenas habían reanudado el camino, estalló una bomba en la carreta que dejó veinte muertos. Bonaparte y su familia salieron ilesos.

José Fouché (1759-1820), profesor de oratoria al estallar la Revolución, colgó los hábitos y fue elegido miembro de la Convención en 1792. Ésta lo envió a Lyon, donde organizó la matanza de nobles y aristócratas con gran eficacia. Y así como votó la muerte del rey, también votó la de Robespierre. Astuto, frío, anticlerical y amoral en sus actuaciones políticas, Fouché desempeñó eficazmente sus funciones de Ministro de la Policía (1799-1802 y 1804-1809). El buen rendimiento de su personal y la seguridad de su información justificaron que el Emperador, durante sus ausencias, le encomendara las responsabilidades más importantes. De la mano de Talleyrand, Fouché fraguó la traición contra Napoleón.

El primer Cónsul ordenó la deportación y el fusilamiento de jacobinos y realistas, y logró conjurar la crisis. Pero el atentado, antes que una justificación, fue un pretexto para que Bonaparte sacara del juego a una quinta parte del Tribunal y de las Cámaras, sometiera a censura toda obra teatral, y cerrara sesenta y un periódicos de setenta y tres que circulaban. Los doce restantes quedaron bajo la vigilancia del Ministro de Policía, José Fouché. Cuando el Consejo de Estado le recordó la libertad de prensa, el dictador contestó: "¿No es un periodista, en realidad, un orador...? Los partidos sólo están tranquilos cuando carecen de campo de batalla".

Desde un comienzo la Iglesia Católica en Francia se vio afrentada por los sucesivos gobiernos de la Revolución, la cual confiscó sus tierras, la sometió por completo al poder civil y rechazó toda autoridad del Papa. "Mi política consiste en gobernar a los hombres según la voluntad de la gran mayoría", sostuvo Napoleón, y a la luz de esa verdad, firmó el Concordato de 1801, cuyos principales puntos eran: una declaración de que "el catolicismo era la religión de la gran mayoría de los franceses", pero no la religión oficial del Estado; el papado tendría el derecho de elegir a los obispos; el Estado pagaría un salario clerical y el clero le juraría lealtad; la Iglesia renunciaría a reclamar las tierras confiscadas durante la Revolución; el calendario revolucionario sería abolido y reemplazado por el tradicional calendario gregoriano.

Ese mes del atentado, Moreau derrotó nuevamente a los austriacos cerca de Hohenlinden, Baviera, resultado que los obligó, dos meses más tarde, a la paz de Luneville. En 1801 Napoleón firmó con el papa Pío VII el Concordato, por el cual el catolicismo era declarado la religión de la mayoría de los franceses. "Hemos vivido diez años sin nuestro Dios, pero el valiente Bonaparte nos lo ha devuelto", dijeron un par de ancianas a un viajero.

En marzo de 1802, celebró con Inglaterra y sus aliados —la República de Batavia y el reino de España— la paz de Amiens. Su país se convertía así en la primera potencia del mundo.

El Senado, que le debía todo y le era absolutamente devoto, propuso su nombre para un segundo período de diez años (aunque faltara todavía más de la mitad del primero). El dictador, poco satisfecho, obtuvo la fórmula de "primer Cónsul vitalicio". Sin embargo, exigió que el pueblo fuese consultado previamente por medio de un plebiscito, el cual arrojó como resultado cuatro millones de votos en su favor y unos cuantos en contra. "El plebiscito tiene la doble ventaja de confirmar la prórroga y aclarar el origen de mi poder, que, sin eso, habría continuado siendo ambiguo". El primer Cónsul vitalicio, que como tal podía señalar su sucesor, quería ser un tirano democrático, elegido por el pueblo que le transmitió su soberanía.

Entre tanto, continuó organizando el país. Durante el Consulado se fundaron cuarenta y cinco mil escuelas primarias, setecientos cincuenta colegios y cuarenta y cinco liceos, y se crearon seis mil becas, una tercera parte de las cuales fueron destinadas a hijos de ciudadanos destacados por sus méritos. También se instauró la Orden de la Legión de Honor, la cual atrajo a la causa de Bonaparte a un buen número de partidarios. "Una nueva moneda... la única que puede ser considerada como la recompensa de acciones tenidas por superiores a toda recompensa".

Igualmente, estimuló el regreso de cuarenta mil familias que habían emigrado durante los años de la Revolución, atendiendo a todas sus necesidades con tal de ponerlos de su lado.

En cambio, al hermano del rey decapitado, el futuro Luis XVIII, que en tres ocasiones le pidió con franca ingenuidad que le restituyese la corona a cambio de una buena retribución, le cerró las puertas con palabras elegantes, irónicas y firmes:

> Señor, he recibido su carta; le doy las gracias por las amables cosas que en ella me dice. No debe usted desear su regreso a Francia; le sería preciso marchar sobre cien mil cadáveres. Sacrifique su interés al reposo y a la felicidad de Francia, y la historia se lo tendrá en cuenta. No soy insensible a las desdichas de su familia... Contribuiré con mucho gusto a hacerle grato y tranquilo su retiro.

Como en Italia, Bonaparte vivía rodeado de sus hermanos, a quienes únicamente les interesaba la magnificencia, la fortuna y el goce de los placeres de la vida, lo que daba un pésimo ejemplo, el mismo que, con justicia, la Revolución había propuesto combatir. Napoleón caía en reproches, en duras palabras, en amenazas... pero siguió tolerando la presencia de los suyos, colmándolos de honores y cargos. ¿Por qué? Su temperamento corso se había alimentado de tradiciones más antiguas que las de muchas casas reales, y más ávido de gloria que de riqueza se inclinaba a defender a su clan contra el odio y la venganza de sus enemigos. Además, como todo conquistador, quería conservar para su familia las ventajas adquiridas gracias al talento.

Letizia era la única que permanecía al margen. Aunque su relación con Josefina continuaba igual de tirante, su hijo la invitó desde el principio del Consulado a mudarse a las Tullerías, pero ella rehusó cariñosamente y permaneció en casa de José. Luego se instaló en Roma, donde, rica y dichosa, alternaba con lo más rancio de la sociedad y gozaba de la amistad principesca del Papa.

Una de las razones de la mala relación entre Letizia y Josefina consistía en que la esposa del Cónsul vitalicio no podía darle un sucesor. Para una corsa madre de ocho hijos, aquello no dejaba de ser una vergüenza, casi una afrenta. En los años del Consulado la esterilidad de Josefina dejó de ser un asunto personal para convertirse en un problema de Estado, pues Napoleón venía soñando con fundar una dinastía. "¿Y si nuestro hermano se divorcia?", se decían Paulina y Carolina, quienes destestaban a "la vieja", como la llamaban y hacían todo lo posible por decidirlo y constantemente estaban presentándole jóvenes hermosas. Pero, ¿cómo iba a separarse de aquella mujer a la que amaba, a pesar de sus defectos, cuando tampoco se separaba nunca de sus generales y funcionarios?

En marzo de 1804 los espías de la dictadura descubrieron un complot que buscaba tumbarla. A la cabeza estaban Pichegru, amigo de los Borbones, a quien Bonaparte conocía desde la época de Brienne, ¡y Moreau, el vencedor de Hohenlinden! La noticia conmovió a toda Europa cuando ambos fueron arrestados. En el juicio Moreau fue hallado culpable, pero Napoleón no quiso sentenciar a muerte a su compañero de armas y lo indultó con el destierro a América. Pichegru se ahorcó en su celda. Otros trece conspiradores fueron ejecutados. Uno de ellos confesó en los interrogatorios que un miembro de la casa Borbón también estaba implicado.

"¿Un borbón?", preguntó en un murmullo Bonaparte, repasando en su mente posibles nombres. Y Talleyrand agregó que el duque de Enghien vivía cerca de la frontera. La breve conversación bastó para convertirlo en sospechoso. "Es necesario obrar con firmeza para que la dinastía destronada deje por fin de perturbar mi sueño y la tranquilidad de Francia", pensaba el dictador. En el más absoluto secreto, trescientos dragones penetraron en Baden (en la actual Alemania), se apoderaron del duque y lo condujeron a la fortaleza de Vincennes, en las afueras de París. No faltaron los amigos y parientes que previnieron a Bonaparte, que fue empujado por Talleyrand a que nombrara un consejo de guerra, ante el cual compareció valientemente el duque, dos años menor que su adversario. Sin ninguna prueba, doce oficiales de Estado Mayor ordenaron su fusilamiento en un patio de la fortaleza a la madrugada. Los hechos se consumaron en menos de una semana.

Aunque el dictador puso de presente que un hombre de Estado no puede ser sensible y que "la sangría entra en las combinaciones de la medicina política", la muerte del duque de Enghien fue un crimen. Y también la primera señal de alerta contra el dictador, que jamás había gobernado por el terror o la violencia.

Diez días después de la condena del duque de Enghien una delegación del Senado visitó a Bonaparte. Fruto de su hábil maniobra, querían someter a su consideración el restablecimiento de la monarquía. Después de todo, entre un primer Cónsul vitalicio con derecho a elegir a su sucesor y un monarca no había mayor distancia. "El nombre de rey está gastado... El título de emperador es más grande; un tanto inexplicable e impresiona la imaginación", dijo a Talleyrand cuando la cosa estaba decidida.

Como antes, su ascenso fue ratificado en las urnas y, el mismo día en que se conocieron los resultados, el Senado promulgó una nueva constitución. Todo se adelantó con rapidez y precisión. "Hoy tengo a mi lado al pueblo y al Ejercito; bien tonto sería quien, con ellos, no supiera gobernar". De inmediato se echó a andar la organización de la coronación, cuya fecha quedó fijada para el 2 de diciembre de 1804.

Faltando poco, Luciano escribió desde Roma a su hermano, para informarle que "nuestra madre se halla preocupada por todos los cambios que se preparan. Cree que el primer Cónsul hace mal en querer la corona de Luis XVI". Desconfiada del esplendor, pues conocía las vicisitudes de la vida, Letizia se hizo rogar para asistir a la ceremonia. Pero viajó tan despacio que no alcanzó a llegar a tiempo a la fiesta.

El Papa, en cambio, se mostró mejor dispuesto. Con el alma oprimida, pues no siempre un pontífice obedece al llamado de un soberano, llegó a París, a cuyas puertas Bonaparte lo estaba esperando. Al igual que en aquella primavera de 1796 en Milán, cuando todavía era un general que empezaba a abrirse paso en el mundo, esta vez Napoleón tampoco siguió el protocolo de rigor y evitó el beso en el anillo y la reverencia. Josefina era toda devoción. Al confesarse, Pío VII supo que el vínculo de la pareja era de carácter civil y exigió el matrimonio religioso, que se llevó a cabo el 30 de noviembre, sin testigos, en la capilla de Palacio.

Dos días más tarde, por la mañana, el cortejo se puso en marcha con toda pompa. La ciudad se había volcado a las calles, donde los vivas eran acompasados por las frenéticas campanadas. Notre Dame resplandecía con el brillo de los cirios y las piedras preciosas: antes que una catedral parecía un salón de fiestas. Un rumor de voces sorprendidas y de sedas, y las tenues notas de un órgano que tocaba una música solemne, embriagaban el aire.

Cubierto con un manto imperial a la antigua y con Josefina de su brazo, Napoleón llegó al altar mayor, donde permanecía Pío VII rodeado de sus cardenales. Y en el momento en que todo el mundo esperaba que se arrodillara para recibir la corona en su cabeza, la cogió de las manos del Sumo Pontífice y volviéndole la espalda, de cara a los presentes, se coronó a sí mismo. Napoleón I, Emperador de los franceses, estaba por encima de todos los poderes temporales y divinos. Tal fue el mensaje de su gesto.

Luego tomó la corona de Josefina y, antes de convertirla en emperatriz, la alzó con ambas manos, ofrendándola al pueblo, como en el lienzo que Louis David ejecutó por encargo del amo de Francia y que inmortalizó la escena: todas las miradas convergen hacia la pareja bañada en una luz dorada que cae de costado y que destaca con nitidez el perfil de César, que por esos años ya tenía Napoleón. El Papa tuvo que ungirlos y bendecirlos, y nunca le perdonó su audacia al Emperador. Sentado en un trono en el cual había sido estampada una gran N, y mientras deslizaba la mirada en torno suyo, le dijo a su hermano en voz baja: "¡Ah, José, si nos viera nuestro padre!".

Letizia aún estaba haciendo el camino a París, y en cada pueblo escuchaba y leía los relatos de esa jornada de júbilo. Escéptica como siempre, mientras miraba por la ventana del coche la alegría de Francia, dejó escapar en un suspiro aquella frase suya que era recurrente: "¡Con tal de que esto dure!".

EL EMPERADOR

Catorce generales, entre quienes estaban Bernadotte, Murat, Lannes, Ney y Davout, se vieron obligados en la corte a cambiar sus uniformes y botas de campaña por los trajes bordados y los zapatos de hebilla. Como siempre, al Emperador le interesaba mostrar a Europa que sólo estaba dispuesto a conceder honores a quienes se hubiesen distinguido por sus méritos.

Un tanto rígida en su aparato, pues Napoleón cuidaba cada detalle con la misma gravedad y precisión que ponía en el cuidado del Estado Mayor de su Ejército, la corte también contaba con algunos miembros del antiguo régimen. Como la camarera de María Antonieta, a quien llamaron para peinar todos los días, frente al mismo espejo de la reina, los bucles de la Emperatriz; los dos ex cónsules fueron nombrados archicanciller y architesorero del Imperio; Talleyrand, aristócrata convertido en gran chambelán, volvió a introducir en Palacio las antiguas maneras; Josefina y los hermanos Bonaparte siguieron igual de extravagentes en sus gastos, y Napoleón igual de complaciente, pese a la amargura que le suponía.

La mayoría de quienes lo rodeaban recibía millones, pues "la ambición —decía— es el móvil principal de los hombres. Estos trabajan mientras esperan elevarse... Yo he creado senadurías y principados sólo para dejar algo que ambicionar, y mantener así a mis órdenes a los senadores y mariscales". Con todo y su esplendor, la corte del Emperador no costaba sino la cuarta parte de lo que había costado la de Luis XVI.

La vida de Napoleón no cambió en lo más mínimo. Se despertaba a las siete y a las nueve empezaba la jornada; durante el día sus secretarios copiaban lo que les dictaba a toda prisa; cada instrucción debía cumplirse con rapidez y exactitud; en las noches, Méneval estaba a sus órdenes para transcribir sus ideas y reflexiones en los ratos de insomnio; su atuendo, como sus maneras, eran sencillas, pues se fue desprendiendo de todo lo accesorio, excepto cosas como el fuego de leña, los baños calientes o el agua de colonia.

¿Cuáles eran los atributos de este hombre que le permitieron en menos de diez años llegar al poder supremo en Francia y dominar la escena política y militar de Europa? Un cuerpo resistente a todo, que mientras estuvo sano fue capaz de soportar las más exigentes pruebas; una profunda confianza en sí mismo; el conocimiento que sus súbditos tenían de su ascenso, el cual se había llevado a cabo gracias al mérito personal; su voluntad de dominio sobre los hombres y los pueblos, que fueron la materia con la que forjó su obra; una inagotable capacidad de trabajo, pues no en vano la abeja fue el emblema bordado en el manto imperial.

Igualmente, su memoria y la velocidad de su pensamiento, que se traducía en velocidad en la ejecución: "¡Actividad! ¡Rapidez!", escribió muchas veces en los comunicados a sus ministros; el talento para modificar sus planes con arreglo al curso de los acontecimientos; su valor de soldado y su genio a la hora de dirigir la guerra, que amaba como un arte, "el más importante, el que comprende todos los demás".

Sin embargo, es bien sabido que Napoleón mostraba una profunda aflicción cuando contemplaba un campo de batalla cubierto de cuerpos. "Sentía piedad por la debilidad de los hombres y jamás permanecía insensible ante un dolor sincero", escribió su general Marmont. Al mismo tiempo, el desprecio a sus semejantes fue una de las notas dominantes de su carácter: "El egoísmo y el miedo son las dos palancas que mueven a los hombres. El amor... es una aberración... Jamás estuve lo que se dice enamorado, salvo, tal vez, de Josefina, a la que quise un poco, y eso porque entonces tenía yo veintisiete años", confesó.

El honor fue su punto vulnerable: "Soy un hombre al que se mata, pero no al que se ultraja"; muchas veces lo arrastró la cólera, propensión a la cual contribuyeron su orgullo, sus nervios irritables y su impaciencia de creador, pero también es cierto que, tal como ya conocemos, los ataques fingidos de cólera fueron de uno sus recursos para desconcertar, sobre todo, a los diplomáticos extranjeros.

Sin su pasión por la historia, tan profunda, su carrera no habría sido posible, pues la historia jalonó siempre su imaginación. En los grandes personajes de la antigüedad, Napoleón descubrió la gloria: "El amor a la gloria es semejante a aquel puente que lanzó Satán sobre el caos para pasar del infierno al paraíso: la gloria une el pasado al porvenir, del que se encuentra separado por un abismo inmenso".

Pero el objetivo que iluminó sus más ardientes visiones, y hacia el cual apuntaron sus cálculos más fríos, fue la unificación de Europa, tarea a la que consagró su vida con una tenacidad dispuesta a todo: "Si el cielo llegara a caerse lo sostendríamos con nuestras lanzas". Sin embargo, no dejó de experimentar un sentimiento de fatalidad, fruto de su soledad interior: "Todo lo que acontece está escrito, nuestra hora está fijada y nadie puede demorarla... Nadie puede escapar a su destino". En Napoleón, el lugar de Dios lo ocupó el destino, "que lo dirige todo; yo sólo soy un instrumento".

¿Qué camino tomó entonces su destino, una vez Napoleón llegó al trono, aquel 2 de diciembre de 1804, en Notre Dame? En ese momento, todo su ser ya le decía que la unificación de Europa estaba al alcance de su mano. El gran obstáculo era Inglaterra, cuyo primer ministro y acérrimo enemigo del Emperador, William Pitt, movía cielo y tierra para conseguir aliados. Napoleón se propuso entonces invadir la isla, y concentró en Boulogne 120.000 hombres destinados a cruzar al canal de La Mancha. Pero en abril de 1805, los esfuerzos de Pitt dieron resultado: Rusia se unió a Inglaterra y pronto la siguieron Austria y Prusia. En el otoño estalló la guerra de la tercera coalición contra el Emperador, quien se vio obligado a dejar a un lado su proyecto de invasión, desmontó su campamento en Boulogne y se dirigió a marchas forzadas a Viena. Vinieron semanas en que la suerte pasó de uno a otro bando. El 20 de octubre, el Ejército austriaco capituló ante los franceses en Ulm, actual Alemania, a orillas del Danubio, sin que se hubiese disparado un solo tiro y dejando abierto el camino a Viena, donde Napoleón entró el 13 de noviembre. Al día siguiente de la capitulación en Ulm, Nelson —el mismo almirante que había perseguido al general Bonaparte en el Mediterráneo, y destruido su flota en Abukir— venció a la escuadra franco-española frente al cabo de Trafalgar, al suroeste de España en el Atlántico, aunque perdió su vida en una de las victorias navales más importantes de todos los tiempos. El 2 de diciembre de 1805, en la actual República Checa, el Emperador derrotó a austriacos y rusos en la batalla de Austerlitz, "la más hermosa de todas las que he librado". La campaña terminó con la paz de Presburgo, firmada por Austria el 27 de diciembre de 1805.

Fue justo después de Austerlitz, cuya noticia precipitó la muerte de Pitt, cuando la idea de fundar un imperio europeo acabó de ganar un lugar de primer orden en los planes de Napoleón. Y cada vez que los soberanos de Europa volvieron a alzar las armas en contra suya, tal idea fue cobrando más claridad en su espíritu, y su necesidad de llevarla a buen término se hizo más dominante.

HORACIO NELSON (1758-1805) tenía doce años cuando sentó plaza en un buque de línea, el *Raisonable*; quince cuando viajó a la India como parte de su formación naval, y veintitrés al ser nombrado capitán de navío. Luego de luchar en la Guerra de Independencia de los Estados Unidos, contrajo matrimonio con Francisca Herbert, pero casi de inmediato entabló una larga e íntima relación con Lady Hamilton, quien influyó significativamente en su carrera. En Córcega, en el sitio de Calvi, Nelson perdió un ojo, y en el ataque a Santa Cruz de Tenerife, el brazo derecho. Gracias a su victoria sobre la flota francesa en Abukir, recibió el título de barón del Nilo y le fue asignada una pensión de 2.000 libras esterlinas. Cinco años más tarde quebró el poder marítimo de Francia en Trafalgar, pero murió en combate. Este almirante, que odiaba a Napoleón dejó una breve y memorable arenga el día de su última batalla: "Inglaterra espera que cada hombre cumpla con su deber".

En efecto, los soberanos de Prusia, Inglaterra, Rusia y Suecia volvieron a alzar las armas en septiembre de 1806, una vez sellada la cuarta coalición. La guerra empezó en octubre, cuando Federico Guillermo III de Prusia envió un ultimátum al Emperador. A éste le bastaron las victorias de Jena y Auerstädt, en la localidad de Turingia (Alemania), 200 kilómetros al suroeste de Berlín, para aniquilar al ejército de Federico. "Napoleón sopló sobre Prusia, y Prusia desapareció", escribió el poeta alemán Heinrich Heine. Era un paso más en su ascenso al dominio de Europa, alentado por la obstinación de sus enemigos.

Pero Inglaterra seguía atravesada en el camino. Por eso, cuando el Emperador ocupó Berlín, firmó los primeros decretos del "bloqueo continental", a través de los cuales prohibió cualquier comercio o relación con la isla. A partir de entonces, todos los ciudadanos ingleses descubiertos en Francia o en territorios ocupados por Francia fueron detenidos como prisioneros de guerra y las mercancías confiscadas. La medida tuvo por objeto ahogar económicamente a Inglaterra y arrodillarla, ya que cualquier esperanza de vencerla en el mar se había esfumado con la derrota de Trafalgar.

Así las cosas, Napoleón se propuso invadir Polonia con el fin de convertirla en una cuña que dejara separadas a Rusia y Austria. Fue entonces cuando otro de sus adversarios empezó a asumir un papel definitivo en el curso de los acontecimientos: el zar Alejandro I, que salió al encuentro de las tropas del Emperador. En febrero de 1807 entablaron en Eylau, en el actual territorio ruso de Kaliningrado, al norte de Polonia, una encarnizada batalla cuyo resultado quedó incierto. Cuatro meses más tarde, en Friedland, al este de Eylau, los rusos fueron vencidos de manera rotunda.

El 7 de julio, Napoleón y Alejandro se encontraron frente a Tilsit, también en Kaliningrado, con el objeto de negociar. Cada uno se desplazó en un planchón desde su orilla en el Niemen hasta una gran balsa anclada en el centro del río, donde los aguardaba una tienda cuidadosamente engalanada. Las banderas rusa y francesa dominaban la escena, y cuando ambos soberanos se abrazaron, sus tropas, en tierra, prorrumpieron en una sola aclamación, olvidando la furia que semanas antes las había llevado al campo de batalla.

No fue difícil para el Emperador llegar a un acuerdo con aquel joven idealista, ocho años menor, que había leído tanto a los filósofos franceses, y lleno del deseo de ser un buen soberano. Como lo definió Metternich, embajador de Austria en París, su carácter era "una

ALEJANDRO I PAULOVICH nació en San Petersburgo en 1777 y subió al poder en 1801 tras el asesinato de su padre, Pablo I, en el cual, al parecer, su hijo participó de manera indirecta. Su educación estuvo en manos de preceptores occidentales, que lo pusieron en contacto con el pensamiento de la Ilustración. Alejandro era un déspota ilustrado, y, desde los primeros años de su reinado, puso en marcha una serie de reformas: abolición de la censura, la policía secreta y la tortura como método judicial; mejoras en la enseñanza; mayores libertades a los siervos; instauración de cámaras representativas a nivel local o nacional... Tras el fracaso de la invasión a Rusia por parte de Napoleón, en 1812, Alejandro se convirtió en su principal enemigo, promovió la Santa Alianza, y continuó con sus reformas, antes de interrumpirlas y asumir una actitud autoritaria, como una manera de cerrarles el paso a los movimientos revolucionarios al interior del país. Murió en 1825 de manera inesperada. Unos dicen que fue envenenado, otros que se convirtió en ermitaño.

CLEMENS VON METTERNICH (1773-1859) pertenecía a una antigua y aristocrática familia. Durante su adolescencia, el espectáculo de la Revolución y de sus efectos en Alemania le orientaron contra el movimiento francés de modo irrevocable. En 1806 fue nombrado embajador de Austria en París, cargo que le permitió estudiar de cerca la personalidad de Napoleón. Pronto, el príncipe Metternich se convirtió en el favorito de los salones de la capital, gracias, entre otras razones, a su perfecto francés. Aunque jugó un primerísimo papel en el Congreso de Viena (1814), las personalidades más capaces e inteligentes de la época lo calificaron de frívolo y superficial. Canning, primer ministro inglés, lo llamó "el mayor granuja, ¡el mayor embustero de Europa! Y quizá de todo el mundo civilizado".

mezcla singular de cualidades viriles y flaquezas femeninas". El hombre fuerte que era Napoleón, sedujo al hombre débil que era Alejandro.

Por el tratado de Tilsit, el Emperador prometió al Zar cooperar para satisfacer las pretensiones de Rusia en el cercano Oriente. A su vez, Alejandro reconoció todos los cambios territoriales y políticos llevados a cabo por Napoleón, cuyo poder, a partir de ese momento, abarcó prácticamente toda Europa occidental y central. Era la cumbre más alta a la cual el destino habría de llevar a Napoleón. Inglaterra era la única en pie de lucha.

Federico Guillermo III también se hizo presente en Tilsit, pero pasó desapercibido, entre otras razones, porque el Emperador lo detestaba. Decía que era limitado, sin carácter ni talento, y solía criticar su uniforme de húsar. Su única actuación fue rogarle a su esposa que viajara a Tilsit para que intercediera ante Napoleón por la suerte de su país. En su encuentro con el Emperador, la reina Luisa hizo el mejor uso de su belleza y sus encantos, que no fueron suficientes porque Prusia fue obligada a firmar una paz extremadamente penosa, aunque, gracias al Zar, Napoleón respetó su independencia. "Es una mujer encantadora. ¡Por mi honor que en vez de despojarla de una corona se sentiría uno tentado de poner otra a sus pies!", dijo el Emperador.

Sin duda, el bloqueo continental había logrado perturbar gravemente la economía de Inglaterra. Pero ésta aún contaba con una puerta de acceso al continente, por la cual pasó buena parte del contrabando de los ingleses durante esos años en que su comercio estuvo prácticamente paralizado. Esa puerta era Portugal, cuyas relaciones con Francia se deterioraron en 1807, cuando el Emperador comprendió que el pequeño reino no tomaría parte del bloqueo continental. "Quien está con Inglaterra, está contra mí", dijo.

Napoleón entonces cerró un pacto con España, que le permitió el paso de tropas con las cuales entró en Portugal a finales de 1807. Durante los primeros meses de 1808, los ejércitos del Emperador siguieron entrando en España, y cuando la Corte abrió los ojos el país estaba invadido. La situación trajo un verdadero derrumbe político, que le permitió a Napoleón ejercitar sus artes de manipulador para proclamar a José rey de España. El pueblo se levantó contra el invasor, y

Doscientos años después de la coronación de Napoleón como Emperador, su proyecto —la unificación de Europa— cobra una clara vigencia. Ha sido Francia una de las naciones que a finales del siglo XX y comienzos del XXI más ha hecho por consolidar la Unión Europea, recurriendo, esta vez, a instrumentos exclusivamente políticos. Si bien muchos afirman que Francia vive así de su nostalgia por una gloria pasada, otros destacan que tal propósito es el legítimo desarrollo del legado de Napoléon. "Fue él quien construyó Europa", ha sostenido Thierry Lents, director de la Fundación Napoleónica.

aunque las tropas francesas aplastaron de manera implacable un levantamiento que tuvo lugar en Madrid en mayo, en toda la Península se propagó una guerra de guerrillas que iba a durar cinco años. Aquello fue la primera nube que vino a posarse sobre el Imperio.

Al cabo de unos cuantos meses, el Emperador advirtió que para someter a España era preciso que el Zar mantuviese en jaque a los austriacos. Por eso lo invitó a Erfurt, Alemania, donde se encontraron en septiembre de 1808. Napoleón mismo supervisó los detalles concernientes a cada una de las piezas de teatro y los banquetes de que gozaron las numerosas comitivas de los soberanos, y a lo largo de aquellos días no dejó de buscar la compañía del Zar con tal de volver a fascinarlo. Pero, en esta ocasión, Alejandro —a quien la nobleza rusa le había expresado el hondo malestar que le suscitaba su alianza con el Emperador— no se mostró tan fácil como en Tilsit.

Además, Talleyrand estaba presente. Gracias a su talento de diplomático, seguía siendo la mano derecha de Napoleón, a pesar de la poca confianza que le inspiraba. "Es el único hombre con el que puedo hablar", decía. En Erfurt, Talleyrand conoció al Zar. "A vuestra majestad le toca salvar a Europa, y sólo lo logrará haciendo frente a Napoleón. El pueblo francés es civilizado, y su soberano no lo es. El soberano de Rusia es civilizado, y su pueblo no lo es. Toca, pues, al soberano ruso ser aliado del pueblo francés". Tales palabras fueron el primer paso en firme hacia la traición al Emperador, de la cual Talleyrand obtuvo jugosos dividendos.

Y mientras en el día Napoleón hacía lo posible para que Alejandro firmara el tratado que ratificara la alianza, en la noche confiaba a Talleyrand sus planes: "Carezco de sucesor... El Zar tiene hermanas; hay una cuya edad me conviene...". Cuando llegó el momento del adiós, cada uno sintió que los abrazos no tenían la emoción del año anterior. Napoleón subió a su coche sin el tratado y sin la prometida, sabiendo que se las tendría que ver a solas con el resto de Europa.

De España, a donde el Emperador llegó en noviembre de 1808 dispuesto a sofocar el movimiento liberador, también se marchó con un sabor amargo dos meses más tarde, pues la guerra seguía de mal en peor; en el Tirol (Austria) comenzó igualmente una guerra de guerrillas; en Prusia circulaban los *Discursos a la nación alemana*, febril llamado a la insurrección, del pensador alemán Johann Gottlieb Fichte; el bloqueo continental empezaba a afectar la economía de Francia; Talleyrand y Fouché conspiraban en contra de Napoleón; los habitantes de Roma estaban indignados con sus tropas, que en 1809 ocuparon la ciudad cuando capturaron al Papa para llevarlo como prisionero a Francia; en el resto de Italia crecía la sociedad secreta de "los Carbonarios", cuyo fin era la lucha contra el invasor... Por esa época, Letizia dijo de su hijo: "Lo preveo; provocará su caída y la de toda su familia. Debería contentarse con lo que tiene. Queriendo abarcar demasiado, lo perderá todo".

El caso de España, que demandaba la presencia de 300 mil de los mejores soldados del Emperador, alentó a los austriacos a integrar con Inglaterra, en la primavera de 1809, la quinta coalición. Cuando las fuerzas del archiduque Carlos de Austria invadieron Baviera, al sur de Alemania, Napoleón salió a su encuentro y lo derrotó en cinco combates que dejaron libre el camino a Viena, donde el Emperador entró por segunda vez. Se alojó en las mismas habitaciones del palacio de Schönbrunn que había ocupado en 1805, semanas antes de la batalla de Austerlitz. Aunque el Ejército austriaco no estaba totalmente vencido, el 5 de julio de 1809 comenzó la batalla definitiva, y, en la tarde del 6, los austriacos fueron derrotados en Wagram, 45 kilómetros al noreste de Viena. En octubre se firmó la paz.

Sin embargo, al tiempo con todos aquellos logros y dificultades, una necesidad apremiante latía cada vez con más fuerza en el ánimo del Emperador: engendrar un hijo que le permitiese fundar definitivamente una dinastía. Tal fue la causa que lo llevó en 1810 a divorciarse de Josefina. "Comprendo la necesidad de separarme de una mujer de la que ya no puedo esperar la paternidad, pero esto me repugna, pues me duele separarme de la persona a quien más he amado", dijo a su madre y hermanos en enero. Seis semanas después volvió a reunirlos. Les dijo que "las costumbres del siglo", que "las convenciones que la política ha convertido en deberes" le impelían a buscar una nueva Emperatriz entre las familias reinantes de Europa. Pero, ¿acaso su carrera no había sido una lucha constante contra esas costumbres y convenciones? Austria, Rusia y Sajonia eran las tres candidatas. "¿Cuál es la opinión de ustedes?".

La opinión de los suyos poco le importó, pues estaba decidido por María Luisa de Austria, hija de Francisco I. Al fin y al cabo, la relación con Rusia seguía enfriándose. El enlace con aquella mujer, que no era ni bella ni inteligente y cuya única cualidad era pertenecer a la raza de los Habsburgo, tuvo lugar en abril. En marzo de 1811 llegó al mundo el anhelado sucesor, Francisco Carlos José Bonaparte, a quien dieron el título de Rey de Roma.

El camino entonces parecía despejado a su dinastía: Rusia continuaba neutral; Inglaterra luchaba a solas contra el bloqueo continental; España se desangraba sin lograr expulsar a los franceses, y el resto de Europa seguía en el puño del Emperador, con todo y los incendios que empezaban a arder aquí y allá. Sin embargo, aquel equilibro, que no dejaba de ser precario, vino a romperse por el lado de Rusia.

Ignorando sus promesas en Tilsit, el Emperador no había tenido en cuenta los intereses del Zar ni en Oriente ni en Europa. Además, el descontento de la nobleza rusa con el bloqueo continental obligó a Alejandro, en diciembre de 1810, a permitir la entrada en los puertos de su país de barcos neutrales, lo que prácticamente significaba renovar el comercio con Inglaterra. En 1811 se estableció una tarifa aduanera que cargaba las mercancías francesas con pesados impuestos.

Napoleón entonces firmó con Austria y Prusia un pacto militar que las obligó a suministrar tropas contra el Zar. Estaba convencido de que la derrota de Rusia era vital en su lucha contra Inglaterra, y Moscú empezó a convertirse en un espejismo que lo atraía desde el otro lado del continente. "La guerra tendrá lugar a pesar suyo —se refería a Alejandro, en una carta dirigida a un príncipe renano—, a pesar mío, a pesar de los intereses de Francia y de los intereses de Rusia". En el alma de Napoleón la fuerza de la razón había cedido a la fuerza de la imaginación, y por eso se veía rumbo a Oriente, como Alejandro Magno al frente de su ejército.

> Necesito 800 mil hombres y ya los tengo —declaró a José Fouché—; arrastro a toda Europa tras de mí, y Europa no es sino una vieja mujer, con la que haré lo que se me antoje... ¿Qué puedo yo hacer, si un exceso de poder me lleva a la dictadura mundial? Mi destino no se ha realizado aún... Necesitamos un código europeo, un tribunal de casación europeo, una misma moneda, las mismas pesas y medidas, las mismas leyes; es menester que yo haga de todos los pueblos de Europa un solo pueblo.

Esos 800 mil hombres constituían la *Grande Armée*, poderosa máquina de guerra que estaba a punto de adentrarse en las estepas del Zar. Cuando la rueda empezó a girar, más de uno recordó las palabras que un ministro francés había pronunciado en voz baja por los días del enlace con María Luisa: "Estoy mortalmente seguro de que antes de dos años nos hallaremos en guerra contra aquella potencia cuya hija no se ha casado con el Emperador... una guerra con Austria no me causa la menor inquietud; y, en cambio, tiemblo con la sola idea de una guerra con Rusia". Pero el destino de Napoleón así lo quiso.

Del río Niemen al campo de Waterloo

Desde su caballo, Napoleón avistó las aguas del Niemen, en algún punto al paso del río por Lituania. Su curso marcaba la frontera con Rusia. "Hace cinco años llegué al Niemen en son de paz, para conversar con Alejandro, que me esperaba en la otra orilla", pensaba el Emperador. "¿En qué fecha estamos? 24 de junio de 1812... Hoy vengo en son de guerra, inevitablemente, y el Zar está lejos, perdido en su vasta Rusia, aguardando...". Al cabo de un rato echó a galopar y cruzó el río, pues quería ser el primero en pisar los dominios de Alejandro.

Lo seguían 600 mil hombres, cuyo núcleo estaba constituido por tropas profesionales que habían peleado en Marengo y Austerlitz, Jena y Auerstädt, comandadas por los mejores jefes militares de Francia. También había decenas de miles de soldados movilizados a la fuerza en los países vasallos. El Zar contaba con cuatro ejércitos al mando de Barclay de Tolly, Bagatrión, Tormásov y Wittgenstein, los cuales sumaban 220 mil hombres. Su notable inferioridad numérica estaba compensada por la capacidad de los comandantes.

La intención de Napoleón era derrotarlos en una batalla librada cerca de la frontera, para después dirigirse a Moscú y dictar allí sus condiciones de paz. Pero los generales de Alejandro evitaron hábilmente las maniobras del Emperador, por medio de las cuales quería forzarlos a presentar batalla, y sus ejércitos empezaron a replegarse al interior de Rusia. Pocos días después de iniciada la invasión, Napoleón entró en Vilna, al sureste de Lituania, y supo que Alejandro había estado allí la víspera. Cuando las tropas de vanguardia se enteraron de aquello irrumpieron en la ciudad y la saquearon. Los que venían detrás no encontraron nada.

De manera que el Emperador iba pisándole los talones al enemigo. Sin embargo, la inmensidad del territorio lo obligó a ir dilatando su frente y a destinar a su retaguardia un número cada vez mayor de hombres, cuya labor era mantener la línea de comunicaciones y proteger los flancos. El ejercicio de su influencia personal en tantos lugares se hizo realmente difícil, si no imposible. Además, sus generales, también por causa de las distancias, actuaban con demasiada independencia unos de otros.

A medida que se retiraban, los rusos iban arrasando el país, privando a los franceses de alimento. Los caballos empezaron a morir, al igual que la tropa, y los cadáveres iban señalando el camino, cuyo fango, producto de las lluvias, paralizaba los transportes. Los ejércitos avanzaban bordeando las aldeas incendiadas por el enemigo. La mala alimentación y el calor aplastante estimularon los espasmos gástricos que el Emperador venía sufriendo desde hacía unos años. Sabía que era la misma dolencia que había matado a su padre y a su abuelo, y que lo había obligado a dejar su caballo para continuar a pie con el Estado Mayor. En el silencio de la marcha una pregunta resonaba en su mente: "¿Dónde libraremos la batalla?".

Al cabo de 450 kilómetros de recorrido desde el Niemen, los franceses cruzaron el Dniéper y se encaminaron a Smolensk, ubicada junto a este último río, en su parte alta. Para ese momento, un tercio del Ejército había sido devorado por el país y se había hecho manifiesta entre los generales la idea de detener la marcha, afianzarse en los territorios ocupados, y reanudar la campaña en el próximo verano. Napoleón no dejó de considerarlo, pero finalmente dijo: "Todavía no se ha derramado sangre y Rusia es demasiado grande para ceder sin combatir. Alejandro no puede entrar en negociaciones sino después de una gran batalla".

Su intención era ganar aquella gran batalla en Smolensk, a donde llegó con 180 mil hombres: los demás estaban muertos u ocupando el territorio que había quedado atrás. Dos de los ejércitos rusos hicieron frente a Napoleón, cuyas tropas de asalto se estrellaron contra los muros de la ciudad. En el fragor del combate los veteranos recordaron las jornadas de San Juan de Acre en Egipto. Smolensk cayó pero, constantes en su táctica, los rusos la redujeron a un montón de escombros calcinados, antes de seguir retirándose hacia el este. "El vino está servido, hay que beberlo. Quiero ir a Moscú", dijo el Emperador, y emprendió la persecución.

El 5 de septiembre el general Kutúzov, que para ese entonces había asumido el mando supremo, decidió presentar batalla a campo abierto, en la localidad de Borodinó, 120 kilómetros al suroeste de la capital. Contaba con 120 mil hombres y 640 cañones. Los franceses sumaban 130 mil y tenían 587 cañones. En la noche del 7, y con bajas enormes en uno y otro bando, los rusos volvieron a retroceder, y dejaron abierto el camino a Moscú, que Kutúzov no quiso defender para no seguir mermando sus tropas.

Después de unas pocas jornadas, Napoleón descubrió las cúpulas doradas del Zar desde lo alto de una colina. "¡Moscú!, ya era hora", dijo, con más cansancio que emoción. En la ciudad no quedaba un alma y, como siempre, los rusos habían destruido todo lo que pudiese resultar útil al enemigo, empezando por las reservas de alimento. Los franceses se entregaron al saqueo.

De inmediato, el Emperador se instaló en el Kremlin. Pero al anochecer del primer día en la ciudad santa fue sorprendido por un resplandor en la ventana. "¡Qué pavoroso espectáculo! ¡Y ellos mismos!", decía mientras contemplaba los incendios que los rusos habían iniciado en los suburbios. "¡Tantos palacios! ¡Qué resolución extraordinaria! ¡Qué hombres! ¡Son verdaderos escitas!". En esos instantes corrió el rumor de que el Kremlin estaba minado, y luego vino un grito en alguno de los corredores que afirmaba que había fuego al interior de palacio. Al parecer se trataba de una falsa alarma, pero el incidente decidió a Napoleón a que le guiasen fuera de la ciudad.

Al cabo de cuatro días en el castillo de Petroffsky volvió al Kremlin, apenas tocado por las llamas. Para distraer la quietud de la incertidumbre que tanto alteraba sus nervios, el Emperador se entregó al trabajo. A veces iniciaba la lectura de una novela, que terminaba hojeando antes de ponerla a un lado y dejar que su mirada se perdiera durante ratos enteros en el vacío. "Me siento impulsado hacia una meta que desconozco", había dicho. "Cuando la haya alcanzado, cuando nada me impulse a ir más allá, un solo átomo bastará para derribarme... Hasta entonces, ninguna fuerza humana podrá nada contra mí... mis días están contados". Por intermedio de un prisionero, envió al Zar la tercera carta que le escribía desde los inicios de la campaña para persuadirlo de que aceptase un acercamiento. Nunca obtuvo respuesta.

Las dudas asaltaron el alma del Emperador, cansado de tratar de sacarle a su enemigo una victoria o una palabra. Con las manos cogidas atrás, iba y venía por aquella habitación que era del Zar, madurando una decisión. "El invierno va a llegar antes de tiempo y Francia está lejos. No me conviene ausentarme demasiado", murmuraba para sí mismo. Y el murmullo se convirtió en una orden: "Es preciso emprender la retirada".

El día de la partida, uno de sus hombres de confianza expresó sus temores acerca del frío. "Estamos hoy a 19 de octubre —dijo Napoleón—; vea usted qué hermoso día hace, ¿no reconoce usted en ello mi estrella?". Cuando hablaba de su estrella hablaba de su destino. "Pero este día hermoso no significa nada", pensaba mientras echaba a andar con sus hombres pisando la primera nieve. "Ya lo he dicho: un solo átomo bastará para derribarme".

Si en el camino a Moscú Napoleón buscó infatigablemente al enemigo, al regreso temía combatirlo: "Sobre todo, nada de batallas. Vamos rápidamente a Smolensk a establecer nuestros cuarteles de invierno", indicó. Pero fue imposible invernar en Smolensk, pues la ciudad carecía de provisiones. La retirada continuó bajo la nieve, soportando una temperatura cada vez más baja, que llegó a menos treinta y ocho grados centígrados. En las noches se hizo imposible encender fogatas porque no había con qué, y era común ver a los soldados buscar el sueño abrazados uno a otro. Generalmente uno de los dos no despertaba. Los fusiles caían de las manos heladas que luego se gangrenaban. Los pocos caballos también morían, y de inmediato la tropa los degollaba para comer su carne y calentarse los pies y las manos en sus entrañas palpitantes. Quien encontraba un poco de leña ponía al fuego la marmita, preciosamente conservada. La pólvora reemplazaba a la sal a la hora de sazonar un puñado de harina de centeno o un trozo de carne de caballo. Eran frecuentes las disputas a sablazos por un mendrugo o un haz de leña. Los hombres agonizaban de hambre y frío al borde del camino suplicando a sus camaradas que los remataran con un tiro para evitar una muerte cruel a manos de los cosacos. Muchos enloquecieron o se suicidaron.

A pesar de los rigores, "su fisonomía está serena", dijo del Emperador un testigo. "Nada en su rostro delata sus sufrimientos". Sorprendente dominio de sí mismo en aquellas semanas, cuya hora crítica tuvo lugar cuando el Ejército cruzó el río Beresina (afluente del Dniéper), a finales de noviembre, en una verdadera hazaña militar del Emperador. En el río no había puentes ni barcas, y en la otra orilla aguardaban las tropas rusas, que superaban con creces a los 25.000 franceses que quedaban de la *Grande Armée*. Napoleón destinó 1.800 jinetes de la guardia, carentes de caballos, de los cuales 1.100 conservaban sus armas, para llevar a cabo una maniobra de distracción que atrajo al enemigo río abajo. En una jornada, los zapadores, sumergidos en el agua helada, llena de témpanos a la deriva, tendieron dos puentes. El paso del Beresina tomó dos días más y el Emperador, junto con la Vieja Guardia, estuvo entre los últimos en cruzarlo.

En Vilna, la tropa logró reponerse un poco y seguir adelante. A mediados de diciembre, antes de llegar al Niemen, y considerando que los 9.000 sobrevivientes estaban a salvo, el Emperador entregó el mando a Murat. En un hecho sin precedentes, se despidió de cada uno de sus generales con un abrazo. ¿Era una expresión de sincero afecto después de la aventura compartida o acaso una manera de estrechar los lazos de lealtad que, quizá, sentía que se debilitaban?

Continuó a París en trineo, viajando con el nombre de su secretario, Rayneval. "Mi ejército ha sufrido pérdidas considerables, pero el rigor prematuro de la estación ha tenido la culpa", dijo a su llegada a la capital, el 18 de diciembre de 1812. En vez de reconocer sus errores, Napoleón responsabilizó a supuestas causas confabuladas en su contra, escudándose en su tono autoritario. Tampoco quería advertir que Francia estaba cansada e insatisfecha.

Cuatro meses después de su regreso, Napoleón contaba con un ejército de más de 300.000 hombres, reclutados con mucha dificultad, y escasos de caballería y artillería, pues los mejores cañones se habían perdido en Rusia o estaban en España. Iban a batirse con la sexta coalición: Rusia, Inglaterra, Suecia y Prusia. Austria permanecía neutral. "Ha llegado el momento en que el Emperador Napoleón va a convertirse en rey de Francia", dijo con malicia Talleyrand. Todo el mundo sabía que el duelo era inminente, y el único que hubiese podido evitarlo era un corso agotado y prematuramente envejecido que a toda costa quería conservar su Imperio y que en 1805 había dicho: "Un hombre sirve poco tiempo para la guerra. Calculo que todavía podré ser guerrero otros seis años". Y con la certeza de que "el destino inexorable me conduce al campo de batalla", como confesó a su general Caulaincourt, empezó la campaña de 1813.

Luego de haber entrado en Alemania, y exponiendo como pocas veces su vida, Napoleón derrotó a los aliados en Lützen en los primeros días de mayo. Poco después obtuvo otra victoria en Bautzen, en la que Duroc cayó muerto cuando cabalgaba a su lado. Entonces mandó comprar un terreno para erigir un monumento en su honor y él mismo compuso la inscripción: "Aquí el general Duroc, duque de Friul, gran mariscal del Palacio del Emperador Napoleón, herido gloriosamente por una granada enemiga, murió entre los brazos de su amigo el Emperador". Esa pausa que concedió a la aflicción hubiese sido del todo insólita en otros años, cuando el vértigo de su ascendente carrera no daba espacio a la melancolía.

Por mediación de Metternich, a comienzos de junio, las potencias de la coalición firmaron con el Emperador el armisticio de Pleiswitz, que no fue sino un recurso de ambas partes para ganar tiempo. A fines de ese mes, Metternich y Napoleón se reunieron en Dresden. Cuando el primero preguntó qué camino iba a tomar el Emperador una vez agotara su ejército de adolescentes recién reclutados, éste montó en cólera: "¡Vos no sois soldado! ¡No sabéis nada de lo que pasa en el alma de un soldado! Yo he crecido en los campos de batalla, y para un hombre como yo es poca cosa la vida de un millón de hombres... Quizás pierda mi trono, pero bajo sus ruinas hundiré al mundo entero". Los signos de ese cataclismo eran claros: el 21 de junio, el duque de Wellington y los guerrilleros españoles ganaron la batalla de Vitoria en el País Vasco, y el rey José huyó de España.

En agosto, cuando se reanudaron las hostilidades, Austria se había unido a los aliados, que para ese momento contaban con fuerzas muy superiores a las del Emperador. El 27 de ese mes, Napoleón obtuvo una resonante victoria en los alrededores de Dresden. Pero cuando era necesario perseguir y dispersar al enemigo, sufrió un ataque de espasmos gástricos tan violento que por un rato se pensó que había sido envenenado. Incapaz de tomar cualquier decisión, dejó ir al enemigo.

Sir Arthur Wellesley, primer duque de Wellington (1769-1852), fue educado en Eton (Inglaterra) y en la Academia Militar de Angers (Francia). Su primer destino fue Irlanda, como ayuda de campo de dos lores tenientes, entre 1787 y 1793, período durante el cual fue elegido miembro del Parlamento. Luchó en los Países Bajos, y en 1796, tras ser ascendido a coronel, acompañó a su división a la India. Luego de acumular una enriquecedora experiencia, regresó a Inglaterra en 1805 y continuó su carrera política y administrativa, que se vio interrumpida cuando lo enviaron al continente a pelear contra los franceses. Fue entonces cuando alcanzó el generalato. Gracias a sus años de servicio en España (1808-1813), donde alcanzó el mando supremo de las fuerzas angloespañolas, Wellesley recibió el título de duque de Wellington. Su carrera militar se vio coronada cuando derrotó a Napoleón en Waterloo. Posteriormente fue Ministro de la Guerra (1819), presidente del Consejo de Ministros (1831) y Ministro de Asuntos Exteriores (1834-1835).

A finales de septiembre envió a Francisco I un delegado para decirle que estaba dispuesto a "los mayores sacrificios, con tal de que accedan siquiera a oírle". Pero su suegro, a semejanza del Zar defendiendo las estepas, permaneció inconmovible. Napoleón confesó a su viejo camarada: "Marmont, mi juego se embrolla". Al fin y al cabo, las hostilidades siguieron con éxito variable, aunque la situación del Emperador era cada vez más difícil.

Por eso, como en Rusia, quería librar la batalla decisiva antes del invierno, y la encontró en una llanura, cerca de Leipzig, 130 kilómetros al suroeste de Berlín. El 16 de octubre 220.000 prusianos y austriacos se enfrentaron a 155.000 soldados de Napoleón, quien ese día logró dominar un sector del campo de batalla, a pesar de un agudo espasmo gástrico que lo sorprendió en su tienda. Pero el 17, 110.000 rusos y suecos se unieron a los aliados, y el 18 la batalla llegó a su momento de más furia y tensión. Entonces las tropas sajonas, que peleaban al lado de las francesas, se pasaron por completo a los aliados. Un dragón de la escolta de Napoleón se arrojó sobre el enemigo, gritando: "Sabremos prescindir de ellos. ¡Cobardes!... ¡Viva el Emperador! ¡Muerte a los sajones!". La batalla estaba perdida, y el 19 de octubre ordenó la retirada.

A comienzos de diciembre, las últimas unidades francesas cruzaron el Rin. Alemania ya no era suya. "En las actuales circunstancias, cuando toda Europa se levanta contra mí y mi corazón se siente herido por tantas pesadumbres...", decía una carta a Letizia fechada en Maguncia.

Ese mes Wellington cruzó los Pirineos seguido por sus soldados, y el 1° de enero de 1814 el general prusiano Blücher pasó el Rin. Por primera vez desde 1793, Francia se veía invadida. Napoleón logró reunir poco más de 60.000 soldados, una quinta parte del ejército enemigo, y aún así logró varias victorias, como en Montereau, 62 kilómetros al sureste de París, donde arremetió al frente de sus hombres, a la voz de "¡Adelante, camaradas! ¡No temáis nada, la bala que ha de matarme no ha sido fundida aún!". Ese día Blücher fue derrotado. Estaba peleando en su suelo, y muchos campesinos, a pesar de su descontento con relación al régimen imperial, saboteaban los operativos del enemigo con tal de impedir la restauración de la monarquía.

Pero entre tanto, Talleyrand había dado la espalda al Emperador, deslizándose al bando de los realistas. Y con toda la intención de acelerar la caída de su amo, hizo saber a las tropas aliadas que no debían buscar un combate con Napoleón, sino marchar directamente sobre París. Cuando el Emperador advirtió que el enemigo se dirigía allí, declaró: "Es una jugada perfecta y jamás hubiera creído a un general de los aliados capaz de hacerla". Estos entraron en la capital el 31 de marzo. Escasos días antes, María Luisa y su hijo habían abandonado la ciudad. Napoleón nunca los volvería a ver.

Talleyrand siguió intrigando y logró que Marmont se replegara con sus hombres a Versalles, con lo que fraguó su traición al Emperador. Pronto, Augereau lo imitó. Estos últimos golpes obligaron a Napoleón a abdicar. A cambio, se le concedió conservar su título de Emperador, una renta generosa, y ocupar en calidad de posesión vitalicia la isla de Elba, a escasos kilómetros de la costa italiana, frente a Toscana. "Adiós, mi buena Luisa. Puedes contar siempre con el valor, la serenidad y la amistad de tu esposo", y firmó con una N, como lo venía haciendo desde los primeros días del Imperio. Luego agregó: "Un beso para el reyecito".

"Habiendo proclamado las potencias aliadas que el Emperador Napoleón era el único obstáculo para el restablecimiento de la paz en Europa, el Emperador Napoleón, fiel a su juramento, declara que renuncia, para él y para sus herederos, a los tronos de Francia e Italia y que no hay ningún sacrificio personal, incluso el de la vida misma, que no esté dispuesto a hacer por el interés de Francia".

Napoleón

Cuando el carruaje ya estaba listo en el patio de Fontainebleau, su residencia en las afueras de París, se dirigió a la Vieja Guardia, que lo esperaba formada en cuadro: "No lamentéis mi suerte; quiero escribir las grandes cosas que hemos hecho juntos. ¡Adiós, hijos míos! Quisiera estrecharos a todos contra mi corazón; dejad que bese, al menos, vuestra bandera...", dijo con lágrimas en los ojos, en un gesto no exento de auténtico sentimiento, pero deliberadamente calculado para conmover el áspero corazón de los soldados. El actor apuntalaba el desenlace del drama con una escena digna de su epopeya. El 20 de abril, el carruaje se enrumbó a Fréjus, donde quince años antes había terminado la navegación del general Bonaparte desde Egipto.

El paisaje marino de Elba, las rocas, las casitas blancas levantadas entre las viñas, las redes tendidas al sol, las higueras, el talante mediterráneo de los campesinos, su lengua... todo aquello le recordaba al Emperador su infancia en Córcega. "¡Qué grande se ve Córcega desde aquí!", se decía mientras la contemplaba desde su nuevo dominio: un rincón de poco más de 220 kilómetros cuadrados, cuyo trono se había visto obligado a aceptar, a cambio del trono de Europa. Así eran los designios de su destino.

Con noble sencillez, el abandonado Emperador seguía haciéndose llamar "majestad"; ocupaba una modesta casa; tenía a sus órdenes 1.000 soldados, 400 de los cuales habían sido escogidos por él en Francia, y presidía un Consejo de Estado del cual formaban parte una docena de isleños. "De mis tesoros y coronas, lo que tengo de más precioso son los pocos uniformes franceses que me han dejado", escribió. El resplandor de la gloria era lo que, en últimas, iluminaba su estancia en la isla.

Letizia llegó en el verano, y poco más tarde Paulina. Estando en Elba recibió la noticia del fallecimiento de Josefina. Dejaba una elevada deuda que Napoleón debió pagar. Ese verano también arribó a la isla la condesa Walewska, una joven de la aristocracia polaca, a quien había conocido en un baile en Varsovia, en 1807. La acompañaba su hijo de cuatro años, Alejandro, fruto de su amor con Napoleón. Estuvieron juntos dos días y dos noches, y aunque le hubiera gustado conservar a su lado a la condesa, no quiso darle pretextos a María Luisa, pues aún tenía la ilusión de volver a reunirse con ella y su hijo. Burgués y conservador en los sentimientos, la pérdida de su familia le resultaba tan dolorosa como la pérdida del poder.

Montar a caballo, hacer recorridos en coche, salir en velero y recibir a ocasionales historiadores y poetas para hablar de su pasado —nunca de su futuro—, como una manera de ir tallando su leyenda, eran las actividades que dedicaba al descanso y que hicieron mucho por su salud. Lo demás era trabajo: introducir cambios en las minas de hierro y las salinas; emplazar baterías en Pianosa; construir fortificaciones; reparar los caminos; mejorar el sistema administrativo de la isla... Después de todo, su carrera había sido una clara demostración de su capacidad de organizador y creador. En Elba, minúsculo imperio que gobernó con la misma entrega con la cual gobernó el vasto Imperio de otros días, Napoleón confirmó que los recursos, por grandes que fueran, nunca orientaron su vocación de artista.

Por los periódicos y las visitas procuraba estar al tanto de Francia. La llegada de Luis XVIII al trono estaba echando por tierra las conquistas de la Revolución: el plebeyo no podía aspirar a los altos cargos del ejército; los emigrados que regresaban querían sus bienes; el clero reconquistaba todo su poder; las altas pensiones eran asignadas sin mayor escrúpulo; los oficiales que no eran buenos católicos empezaron a ser dados de baja; los colegios para los huérfanos de la Legión de Honor fueron suprimidos... El descontento cubría el país y el pueblo comprendía las consecuencias de la caída del Emperador.

Por otro lado, en los últimos meses de 1814 los monarcas y grandes personalidades de Europa se reunieron en Viena con el objeto de zanjar los espinosos asuntos que suponía la liquidación del Imperio. Pero aquello fue, en buena medida, un brillante espectáculo de fiestas, banquetes, conciertos y jornadas de caza, que inspiró la célebre frase: "El Congreso se divierte, pero no adelanta un paso; baila, pero no anda". Además, detrás de las sonrisas fue creciendo el fantasma de los celos y la discordia entre las potencias que habían luchado contra Napoleón.

Éste, desde su isla, no había dejado nunca de olfatear el ambiente. Y sabiendo que en Francia el Ejército estaba de su lado, decidió regresar. "¿Qué es lo peor que puede sucederme? El fracaso y la muerte. Pero si corro con suerte volveré a ser el amo de Europa", pensaba el aventurero, dispuesto nuevamente a jugarse todo en una sola carta. El 26 de febrero de 1815, al rayar el alba, siete pequeñas fragatas se hicieron a la mar con sus mil hombres y unos cuantos cañones. Burlando la vigilancia de los ingleses, el Emperador llegó a Cannes el 1° de marzo. Era un hombre de cuarenta y cinco años, pocos para no dejarse encantar por el desafío, y demasiados a la hora de afrontar nuevas tempestades. Empezaban sus últimos cien días en la gran escena del mundo.

Camino a París, los campesinos, cuyas tierras habían sido arrebatadas a la antigua nobleza gracias a la Revolución, lo esperaban con los brazos abiertos, entonando canciones contra el rey y obligando a las autoridades locales a recibir al Emperador. Cerca de Grenoble, salió a su encuentro el primer batallón enviado por Luis XVIII. "Aquí todo depende de mi influencia personal", pensó Napoleón mientras descendía de su caballo y se plantaba a diez pasos de las bocas de los fusiles. "¡Soldados del 5°, yo soy vuestro Emperador! Reconocedme. ¡Si hay entre vosotros un soldado que quiera matar a su Emperador, aquí me tenéis!", y entreabrió su capote gris ofreciendo el pecho. Silencio expectante... Hasta que los hombres de uno y otro bando gritaron "¡Viva el Emperador!", y todos se abrazaron. Al cabo de una hora, ya no eran mil, sino dos mil soldados los que marchaban hacia París a la cabeza del verdadero jefe.

El rey huyó a Inglaterra, y en Viena, donde la noticia cayó como una bomba, los representantes de las potencias olvidaron sus mezquinas rivalidades y declararon a Napoleón fuera de la ley. "Mi más vivo deseo es ver muy pronto al objeto de mis más dulces afectos, a mi esposa y a mi hijo", decía una carta suya enviada a Francisco I desde París. Pero María Luisa, amante de un oficial austriaco, había declarado solemnemente al Congreso que no tenía nada en común con él, y que se ponía enteramente bajo la protección de los aliados. Para ese momento, ya habían empezado los preparativos de una séptima coalición.

Los titulares de prensa a lo largo de esos veinte días de 1815, entre el arribo de Napoleón a Francia luego de dejar Elba y su entrada en París, se fueron haciendo cautelosos: "El demonio se ha escapado de su destierro... el fantasma corso ha desembarcado en Cannes... El tigre ha sido visto en Gap... El monstruo ha podido llegar a Grenoble gracias a una traición... El tirano ha pasado por Lyon... El usurpador ha tenido la audacia de aproximarse a sesenta horas de la capital... Bonaparte llega a pasos de gigante, pero nunca entrará en París... Bonaparte estará mañana a las puertas de la ciudad... Su majestad se encuentra en Fontainebleau".

A la hora de integrar su Estado Mayor, el Emperador premió a Maret, Davout y Caulaincourt por haberlo acompañado a Elba; rompió toda relación con Marmont, Augereau y Talleyrand, que lo habían traicionado; perdonó a Ney, el cual prometió a Luis XVIII llevarle a Napoleón en una jaula, cuando éste se aproximaba a París... Al igual que en sus mejores épocas, desplegó su colosal energía con el fin de consolidar su situación política y militar. Sin embargo, como testimonió Méneval, "no le encontré animado por aquella certidumbre del éxito que en otro tiempo le hiciera confiado e invencible. Parecía como si la fe en su fortuna, que le había sostenido en su marcha milagrosa a través de Francia, le hubiese abandonado al entrar en París".

Sabiendo que su actual posición se debía más que nada a las promesas hechas a los campesinos —la masa de ciudadanos más numerosa de Francia—, el Emperador promulgó una nueva Constitución, la cual fue aprobada el 26 de mayo, gracias a 1'552.450 votos a favor. Los votos en contra sumaron 4.800. La burguesía, que desconfiaba del liberalismo de Napoleón, le exigió la convocatoria del Parlamento, y éste le concedió las fuerzas que necesitaba para la defensa del país: un ejército de 275.000 soldados. Sin embargo, el Parlamento dejó en claro que "la voluntad del Príncipe, y aún del vencedor, no podrá llevar a la nación fuera de sus propios límites", y que "el Gobierno francés no se dejará arrastrar nunca por las victorias".

Carnot, quien había sido uno de sus jefes en los años del Directorio, aconsejó a Napoleón que esperara y se procurase refuerzos, aprovechando que ni rusos ni austriacos podrían movilizarse antes de agosto, y que, por tanto, Inglaterra y Prusia no atacarían antes. Pero el Emperador contestó: "Necesito una victoria; no puedo hacer nada antes de haberla logrado". ¿No había dicho en 1813 que "el destino inexorable me conduce al campo de batalla"?

Su plan, que recordó a muchos la audacia del general Bonaparte en Italia, era impedir que los cuatro adversarios se reunieran, para lo cual era necesario derrotar a prusianos e ingleses por separado, cuyos efectivos doblaban a los suyos. El 15 de junio, al mando de unos 125.000 hombres, sorprendió a los aliados al entrar en Bélgica, y el 16 derrotó a los prusianos, al mando de Blücher, en Ligny. Pero incapaz de resistir la rapidez que exigían aquellas maniobras, que precisamente lo habían hecho famoso en Italia, el Emperador perdió horas preciosas antes de enviar a Grouchy con 30.000 soldados en persecución de Blücher. Sabía que era definitivo evitar que uniera sus hombres a los ingleses. Con la tropa restante que conservó bajo su mando, se propuso derrotar al duque de Wellington al otro día.

En la madrugada del domingo 18 de junio de 1815 llovía a cántaros sobre el pueblecito de Waterloo, diez kilómetros al sur de Bruselas. Napoleón, alojado con su Estado Mayor en una posada de las afueras, miraba por la ventana el poco ajetreo del campamento, al tiempo que las preguntas iban y venían en su mente: los informes de sus patrullas no dejaban de ser contradictorios acerca de los movimientos de los ingleses. Dejándose arrebatar por el febril nerviosismo que lo tenía en pie, a la una salió a caballo a recorrer las avanzadas.

Regresó al cabo de unas horas, cuando la lluvia estaba cesando, luego de haber visto el parpadeo lejano de las fogatas de Wellington, que ya había tomado posiciones ventajosas en Mont-Saint-Jean. Grouchy, le dijeron, perseguía aún a los prusianos. "¿A qué hora iniciaremos el ataque, majestad?". Recordó que en Jena había pasado revista a sus tropas en la neblina del amanecer antes de caer sobre el enemigo adormilado. "Cuando el barro esté seco y podamos arrastrar los cañones", contestó. "Pero en Jena yo era otro...", dijo a sí mismo mientras sus mariscales partían a ultimar los preparativos. El Emperador, por su parte, se retiró a descansar un par de horas.

A las ocho de la mañana las tropas aún estaban formando y las piezas de artillería se abrían paso trabajosamente en los caminos enfangados. Por fin, a las once, con tres horas de retraso que fueron necesarias para que el sol secara un poco el campo pero fatales en el desarrollo de la jornada, Napoleón pasó al galope en su yegua blanca a lo largo de todo el frente. Aquella imagen electrizó el espíritu de sus hombres, a quienes dijo que quería llevar a Bruselas. "¡Viva el Emperador!", gritaron, y volvió el silencio. Un rato después hubo un redoblar de tambores, y empezó el cañoneo.

Durante dos horas, la infantería francesa atacó sin cesar tres puntos donde los ingleses estaban parapetados: el castillo de Hougoumont, 400 metros delante de la línea principal de Wellington; las granjas de La-Haye-Sainte, en el centro; y Papelotte, a su izquierda. Esta última cayó a la una y media de la tarde luego de una lucha heroica y encarnizada por parte de ambos bandos. La-Haye-Sainte fue rodeada por los franceses.

Entretanto, desde una colina, el Emperador había descubierto con su catalejo una columna de hombres que se aproximaba. ¿Era Grouchy? ¿Era Blücher? Con un escalofrío supo que era Blücher, y de inmediato envió cuatro divisiones a que hicieran frente a esta inesperada amenaza. Igualmente, un mensajero partió volando con la orden de conminar a Grouchy a que volviese de inmediato al campo de batalla. Después salió otro mensajero y luego un tercero...

Casi de inmediato, los cañones de más grueso calibre empezaron a bombardear Mont-Saint-Jean sin causar grandes daños, pues parte de las tropas de Wellington estaban protegidas tras la ladera. Pero poco más tarde el fuego arreció, y el duque dio la orden de replegarse por completo al abrigo de la colina.

Napoleón, a quien ese día los espasmos gástricos no dieron tregua, buscaba recuperar sus fuerzas con un sueño corto que tomaba en un molino, y cometió el error de confiar la dirección de las operaciones a Ney. Éste, al advertir que Wellington se tambaleaba, quiso forzar su retirada enviando parte de la caballería al asalto de Mont-Saint-Jean. Allí, en la cima, sus cinco mil jinetes descubrieron un espectáculo impresionante: veinte cuadros de ingleses, cada uno rodeado por una fila de bayonetas sostenidas firmemente por la primera línea de hombres de rodillas apoyados por otras dos filas de pie, en posición de tiro. La caballería de Ney, la cual se lanzó al ataque una y otra vez entre el humo y la confusión, recibió las mortales descargas de los fusiles.

Para ese momento Napoleón se había visto obligado a enviar refuerzos a las cuatro divisiones que pretendían retrasar la llegada de los prusianos, al mando de Blücher. "¿Y Grouchy? ¿Dónde está Grouchy?", preguntaba el Emperador a los mensajeros que había enviado a lo largo de la jornada. Grouchy había perdido el contacto... Con el ánimo de destrozar a

Wellington lo antes posible para luego enfrentar a los prusianos, lanzó sus reservas de caballería a Mont-Saint-Jean. Todo fue inútil, pues aunque los ingleses estuvieron a punto de ceder, y por tanto, de perder la batalla, un nutrido fuego rechazó a los valientes jinetes.

Pero a Napoleón le quedaba un último recurso: la Guardia Imperial, cuyos asaltos no habían fracasado jamás. Al anochecer, él mismo la dirigió durante un breve tiempo, y logró conservar la superioridad hasta el momento en que fueron aplastados por los refuerzos de Blücher, quien acabó por entrar de lleno en el combate. Sólo dos regimientos franceses lograron alcanzar la colina de Mont-Saint-Jean, y luego de varios intentos, el pánico se apoderó de los restos del ejército del Emperador. Únicamente la Vieja Guardia mantuvo su férrea disciplina, cubriendo la retirada. Los veteranos rehusaron rendirse varias veces, pues murieron combatiendo, y por primera vez Napoleón tuvo que huir de un campo de batalla. A las cinco de la mañana logró subir a su coche, luego de soportar durante horas los dolores en su vientre. Las palabras "valor, firmeza" figuraban en la última orden del día que envió a París.

Santa Elena, la última isla

De pie en la cubierta del *Northumberland*, enfundado en su capote gris, con las manos cogidas atrás y calado el mismo tricornio que llevó en tantas batallas, Napoleón dejaba vagar la mirada por la inmensidad del océano. Su ánimo volvía, una y otra vez, a las visiones y las voces de las últimas semanas, justo después de la derrota en Waterloo: las discusiones con sus hermanos y ministros que lo tentaron a dar un golpe de Estado; las palabras de Carnot y Siéyès, que lo defendieron públicamente, y las de Lafayette, a quien el Emperador terminó considerando un traidor: "Durante más de diez años, tres millones de franceses han muerto por el orgullo y el afán de poderío de un hombre que todavía se empeña en luchar contra toda Europa. ¡Ciudadanos, vosotros no lo permitiréis!".

Recordaba también las amenazas de la Cámara que lo obligaron a abdicar por segunda vez y la noticia de que Fouché se había hecho al poder encabezando un Directorio de cinco miembros. Recordaba sus propias palabras: "Estoy cansado de mí mismo, de Francia, de París... Iré a los Estados Unidos. Me darán tierras o las compraré, y las cultivaremos...". A la luz de esa decisión, Napoleón se despidió de su madre, y con unos cuantos tomó un coche rumbo a Rochefort, al oeste de Francia, sobre el Atlántico. Sin embargo, volvieron las cavilaciones, se consideraron otros planes, y dejó escapar la oportunidad de tomar un navío al Nuevo Mundo; se vio prácticamente obligado a recurrir a los ingleses.

> Víctima de las facciones que dividen a mi país y de la enemistad de las más grandes potencias de Europa, he terminado mi carrera política y vengo, como Temístocles, a buscar amparo en el hogar del pueblo británico. Me pongo bajo la protección de sus leyes que reclamo de vuestra alteza real, como del más poderoso, más constante y más generoso de mis enemigos...

escribió, antes de ser embarcado hacia Plymouth, al suroeste de Inglaterra, donde aguardó tres días la respuesta del príncipe regente, futuro Jorge IV:

> Sería incompatible con nuestros deberes para con el país y para con los aliados de su majestad el dejar al general Bonaparte los medios de turbar nuevamente la paz de Europa y de renovar todas las calamidades de la guerra; se hace, por lo tanto, inevitable restringir su libertad personal, en la medida necesaria, a fin de asegurar nuestro primer y soberano objeto. Será, pues, conducido a Santa Elena...

Y de inmediato el Emperador, aceptando con heroico estoicismo que había calculado mal la posibilidad de un exilio en Inglaterra, tuvo que abordar el *Northumberland*. Inició entonces una travesía de más de 7.600 kilómetros por el Atlántico hacia el sur, hasta aquella "pequeña roca situada al fin del mundo", según sus palabras.

A mediados de octubre de 1815 la nave llegó a Santa Elena. La primera imagen de su prisión fueron los paredones negros que caían a pico en las aguas, por cuyas vastas grietas se asomaban los cañones ingleses, disimulados por la bruma tórrida propia de esa zona del océano, a medio camino entre África y Brasil. El Gobierno inglés hubiese podido recluir a Napoleón en la pequeña ciudad de la isla. Pero escogió el paraje menos propicio a su enfermedad del hígado: Longwood, o el Bosque de los Muertos, como lo llamaban los nativos, una meseta a 500 metros sobre el mar, solitaria, con viento y neblina todo el año.

La estancia que debió ocupar había sido una caballeriza, y para su transformación no se hizo otra cosa que cubrir el estercolero con un simple entarimado, sin haber sometido el lugar a una limpieza previa. La habitación del Emperador era oscura y acumulaba los olores de la cocina, así como una densa humedad que no tardó en enmohecer sus libros. Allí acomodó la cama de campaña, la misma en la que había dormido la víspera de la jornada de Austerlitz. El resto de sus objetos personales eran el busto de mármol de su hijo, el Rey de Roma, un retrato de Josefina, el despertador de Federico el Grande y un lavabo de plata. La chimenea, la alfombra en mal estado y un sencillo mobiliario, completaban el ambiente.

En las otras cinco habitaciones se instalaron sus acompañantes. El conde Las Cases, que había entrado a formar parte del círculo íntimo de Napoleón en los últimos Cien Días, representó para el cautivo la mejor compañía durante el primer año, al cabo del cual, este hombre de mundo, culto y servicial, regresó a Europa. Enseñó al Emperador el suficiente inglés como para ampliar el espectro de sus lecturas, y publicó el *Memorial de Santa Elena*, obra que contribuyó como ninguna otra a forjar la leyenda napoleónica.

También estaba el fiel, servicial y altivo general Bertrand, casado con una hermosa criolla medio inglesa que se mantenía de malhumor, añorando su vida en París; Gourgaud, joven general que había sido edecán del Emperador, quien le apreciaba como oficial de Estado Mayor, aunque apenas soportaba su vanidad y sus celos (dejó la isla en 1817); Montholon, el más leal de sus compañeros de destierro, pues permaneció a su lado hasta el final; Marchand, su ayuda de cámara desde 1811, y dos corsos que Napoleón decidió llevar en calidad de criados: Cipriani y Santini.

Entre todos ellos surgían constantemente mezquinas rivalidades que obligaban al Emperador a intervenir con el objeto de hacer soportable la rutina. "¿No dicen ustedes que me han seguido para serme agradables? ¡Pues sean ustedes como hermanos! ¿No soy yo, acaso, todo el objeto de sus cuidados?... Quiero que todos estén aquí animados de mi mismo espíritu". Sin duda, en Santa Elena Napoleón debió acabar de aprender el dominio de sí mismo.

El gobernador se llamaba Hudson Lowe. "¡Es horrible! Un rostro patibulario como el de un esbirro veneciano", dijo el Emperador tras la primera vez que se vieron. "Me lanzó una mirada de hiena cogida en la trampa. Tal vez sea mi verdugo". Lowe cumplió a fondo con sus responsabilidades de carcelero, convirtiendo la isla en un verdadero calabozo: hizo colgar en las calles de la ciudad cartelones que vedaron terminantemente toda relación con los franceses; restringió al máximo los paseos a caballo de Napoleón; interceptó sus cartas; lo privó durante semanas de alimentos como el agua fresca y la leche; prohibió las visitas de O'Meara, el médico inglés de confianza... Además, el día del aniversario de Waterloo tuvo la perfidia de pasar revista a los soldados ingleses, prácticamente en presencia del Emperador.

Aquellas medidas, así como la implacable alternancia del calor y la lluvia a lo largo del día, sin duda estimularon la enfermedad del prisionero. O'Meara escribió: "Si hay algo que pueda sorprender, es que los progresos del mal no hayan sido más rápidos. Sólo la fuerza del alma del enfermo y la bondad de una constitución que no había sido debilitada por el libertinaje han podido defenderlo". El odio de Napoleón hacia el gobernador fue notable: "No quiero tener ninguna relación con sir Hudson. Que me deje en paz, ya que en los años futuros sus hijos se avergonzarán de llamarse Lowe".

¿Cómo transcurría la jornada en Santa Elena? Para matar el tiempo, el Emperador se levantaba tarde y, luego de recibir a Marchand, se sometía a una ablución de agua fría y a una fricción sin agua de colonia. Preguntaba qué de raro y de nuevo había sucedido en la isla y si los periódicos estaban disponibles. Entonces mandaba llamar a Gourgaud para continuar con el dictado acerca de sus campañas, cuyas imágenes y datos iban aflorando al ritmo de sus pasos por la estrecha habitación y de sus vistazos al mapa desplegado en la mesa. Después, el desayuno. Por lo general, la tarde la dedicaba a la lectura, y a la hora de la comida todo el mundo se cambiaba el atuendo. Napoleón se ponía su vieja levita, la cruz de la Legión de Honor, medias y zapatos de hebilla. Los criados servían vestidos con las libreas recamadas de oro que llevaban en París.

Dictar y leer eran sus mejores pasatiempos. Sin embargo, pronto agotó los muchísmos volúmenes que tenía a su disposición y empezó a parecerle aburrido el hábito del dictado. Al fin y al cabo, acometió ambas tareas con la misma energía de sus mejores años, olvidando que entonces, en Santa Elena, las cosas debían hacerse de manera bastante más morosa, como un conjuro contra el tiempo. Quiso componer un tratado sobre el arte de la guerra, pero terminó renunciando, pues "los generales vencidos en las guerras futuras me echarían a mí la culpa, asegurando que se habían atenido a mis principios. ¡Hay tantos elementos diversos en la guerra!"

En Santa Elena, luego de una sesión de lectura del *César* de Voltaire, Napoleón dijo:
—Cuando joven, yo quise ser un César.
—Pero vuestra majestad fue ya uno.
—¿Quién?... ¿yo?... ¡Ah, no había más remedio que triunfar! Verdad es que el mismo César no triunfó, puesto que murió asesinado.

De cuando en cuando recibía una visita: un viajero que hacía escala en la isla, algún sabio, un colono debidamente recomendado. Todos terminaban dando fe del vigor espiritual y físico del cual todavía gozaba el Emperador. Su relación con los guardias y oficiales ingleses no era distante, y tenía, hasta cierto punto, el tono de camaradería propio de los soldados. No faltaba uno que otro desplante por parte suya: un día, tras haber detallado la condecoración de un capitán que decía "Batalla de Vitoria", pasó al siguiente visitante sin decir una palabra.

Tras los primeros años de presidio, el estado físico de Napoleón empezó a decaer visiblemente, al tiempo que su alma ganaba en estatura moral: "También la desgracia tiene su parte buena; nos enseña ciertas verdades. Realmente, hasta ahora no me había sido dado el examinar las cosas como un filósofo", dijo.

Pero, ¿cuál podría ser la parte buena de su prisión en Santa Elena?

> ¡El Universo nos contempla!... ¡Somos los mártires de una causa inmortal!... Millones de hombres nos lloran, la patria suspira y la gloria está de luto... ¡Luchamos aquí contra la opresión de los dioses!... ¡La desgracia tiene también su heroísmo y su gloria!... ¡La adversidad faltaba a mi carrera!... Si yo hubiese muerto en el trono, entre las nubes de mi omnipotencia, habría continuado siendo un enigma para muchas gentes; ¡hoy, gracias a la adversidad, podrán juzgarme al desnudo! —declaró en una ocasión a Las Cases.

Parte de ese juicio corrió por su cuenta: "Soy la única causa de mi caída", dijo. "Yo he sido mi principal enemigo, el artesano de mis desdichas... He querido abarcar demasiado... he tendido demasiado el arco y he fiado demasiado en mi buena suerte". Tales certezas se manifestaron cuando ya sabía que su muerte tendría lugar en Santa Elena. Y como a partir de entonces el futuro no le significó nada, volvió la mirada al pasado. A veces transcurrían hasta cinco días sin ver a nadie, sin leer ni escribir una palabra, sumido en sus recuerdos. Pocos como Napoleón sometieron su ser a un examen semejante. "Considerada en conjunto, ¡qué novela la de mi vida!", exclamó una vez.

El último año, después de no pocas discusiones con los mensajeros de su carcelero, se entregó a la tarea de hacer un jardín valiéndose de sus propias manos y de la ayuda de quienes aún le acompañaban. Fueron plantados veinticuatro árboles grandes y, frente a la ventana del Emperador, una encina, gracias al regimiento inglés de artillería que los transportó a Longwood, luego de haber sido traídos del Cabo. Los trabajos, adelantados con mucho esfuerzo, duraron siete meses, pero el resultado fue más que satisfactorio: una nota de belleza en el Bosque de los Muertos, destinada a iluminar el deceso de su morador.

El 15 de agosto de 1820, Napoleón dijo que ese día era su último cumpleaños, y poco después dio el último paseo a caballo, el más largo en cuatro años, pues rebasó los límites habituales. En 1821 rechazó dos proyectos de rescate, que no fueron los únicos de su cautiverio. "Escrito está en los astros que moriré aquí. En América me asesinarían o me olvidarían. Sólo mi martirio puede salvar a mi dinastía. Esta es la razón de que prefiera continuar en Santa Elena".

Y a medida que transcurrieron los meses, su dolencia del hígado fue ganando terreno con rapidez. Su médico de cabecera era un corso llamado Antommarchi, que llegó a la isla gracias a las gestiones de Letizia. "Todo lo que soy y fui se lo debo a mi madre; ella me inculcó sus mismos principios y fomentó en mí la costumbre del trabajo", dijo por entonces. Sin embargo, Antommarchi poco o nada pudo contra la enfermedad, y más bien fue útil al Emperador para contar, después de años, con noticias detalladas y fidedignas acerca de Letizia.

En esa época, cuando su ayuda de cámara le habló de un cometa en el cielo, Napoleón señaló: "Este fue el signo que precedió a la muerte de César". Pero luego, cuando Antommarchi desmintió la noticia, agregó: "No hacen falta cometas para morirse". A mediados de abril de 1821, encerrado con llave en la habitación, dictó su testamento a Montholon. "Deseo que mis cenizas reposen a orillas del Sena, en medio del pueblo francés que tanto amé...".

Los espasmos gástricos cada vez eran más violentos y frecuentes, y el sufrimiento propiciaba que la mirada del moribundo se fuese acercando al más allá. "Cuando yo haya muerto, todos ustedes tendrán el dulce consuelo de volver a Europa... yo, en cambio, volveré a encontrarme con mis valientes en los Campos Elíseos. Sí, Kléber, Desaix, Bessièrs, Duroc, Ney, Murat, Massena, Berthier, todos vendrán a mi encuentro y me hablarán de lo que hicimos juntos... Al

En su biografía del Emperador, Emil Ludwig consigna que en las instrucciones a los testamentarios, Napoleón enumeró las siguientes propiedades: "El mobiliario de malaquita traído de Rusia; el servicio de mesa de oro ofrecido por la ciudad de París; una pequeña finca en la isla de Elba comprada con el dinero de Paulina y que quedaría de su propiedad en el caso de que ésta muriese antes que él... los bienes de un patriarca de Venecia, si se comprueba que éste los ha legado realmente al Emperador; el oro y las joyas escondidos en un lugar secreto de la Malmaison, que no regalara a Josefina y que quizá, buscando bien, acaben por encontrarse... Inventario fantástico de un rey y de un aventurero".

verme, todos volverán a sentirse enloquecer de entusiasmo y de gloria. Hablaremos de nuestras guerras...".

Las vigilias del final trajeron, en el rapto de un delirio, sus años en Córcega e Italia, así como el recuerdo de su hijo, el Rey de Roma. El 4 de mayo, un abate llegó a verlo, y al cabo de un rato a solas con el moribundo salió de su habitación y dijo: "Le he dado la extremaunción. El estado de su estómago no permite otro sacramento". La noche fue terrible. Al amancer del 5 de mayo de 1821, le oyeron murmurar las últimas palabras: "Francia... Cabeza de ejército". Un instante después, con sorprendente energía, saltó del lecho y se abalanzó sobre Montholon con tal violencia que ni siquiera lo dejó gritar pidiendo ayuda. Gracias al ruido, alguien entró y los separó cuando rodaban por el suelo. Nunca se supo quien era el enemigo al cual trataba de estrangular el Emperador. El resto del día transcurrió tranquilamente. De hora en hora le humedecían los labios con vinagre. Por la tarde empezó a llover, y a la cinco la tempestad arrancó de raíz dos árboles del reciente jardín. Entonces, un brusco estremecimiento sacudió al agonizante, y Napoleón Bonaparte falleció.

El gobierno de Jorge IV de Inglaterra no permitió el traslado del cuerpo a Europa, y una fosa fue abierta en un valle cerrado, al amparo de la sombra de un par de sauces. Allí bajó a reposar el Emperador con la capa bordada en oro que llevó en la batalla de Marengo. La guarnición entera desfiló por iniciativa propia. Tres salvas saludaron los despojos, al tiempo que ondeaba la bandera de los ingleses con los nombres de las victorias alcanzadas en España. El único honor que le rindió Inglaterra consistió en destinar a su tumba un centinela, el cual montó guardia durante diecinueve años, al cabo de los cuales sus restos arribaron a Francia.

Después de mi muerte, que no puede estar muy lejos —había dicho Napoleón a finales de abril—, quiero que abráis mi cadáver; también quiero, exijo, que me prometáis que ningún médico inglés pondrá la mano sobre mi cuerpo. También deseo que toméis mi corazón, lo pongáis en alcohol y que lo llevéis a Parma, a mi querida María Luisa. Le diréis que la amé con ternura, le contaréis todo lo que visteis...

CRONOLOGÍA

1769: Nace en Córcega el 15 de agosto, pocos meses después de quedar la isla definitivamente en poder de Francia, a pesar de la lucha independentista de Pascual Paoli.

1778: Viaja a Francia con su padre y su hermano José. Ambos hijos son matriculados en el colegio de Autun.

1779: Pasa a la Real Escuela Militar de Brienne.

1784: Entra a formar parte del cuerpo de caballeros cadetes en la Escuela Militar de París.

1785: Subteniente de artillería.

1786-1788: primer retorno a Córcega.

1789: En septiembre, tres meses después de la toma de la Bastilla, lleva a cabo su segundo viaje a Córcega. Conoce a Pascual Paoli y se convierte en uno de sus seguidores.

1791: Regresa de Córcega. A mediados de año parte en su tercer viaje a la isla con el objetivo de convertirse en jefe de la Guardia Nacional.

1792: En calidad de segundo comandante de la Guardia Nacional, se insubordina y se ve obligado a regresar a París mientras se decide su situación en el Ejército. Entre tanto, se une a los jacobinos, cuyo jefe es Maximiliano Robespierre. Finalmente, es ascendido a capitán. Vuelve a Córcega.

1793: Fracasan definitivamente sus intentos por convertirse en amo de la isla, de la cual es desterrado junto con su familia. Logra su primer triunfo militar en el puerto de Tolón, sobre el Mediterráneo, y es nombrado general de brigada.

1794: A raíz de la ejecución de Robespierre, en julio, es arrestado durante una semana.

1795: Entra al Ministerio de Guerra. El 13 vendimiario (5 de octubre) sofoca la rebelión de burgueses y monárquicos que estuvieron a punto de atacar la Asamblea. Recibe el mando del Ejército del Interior.

1796: Matrimonio con Josefina. Parte a la campaña de Italia. Victorias de Montenotte, Millesimo, Dego, Mondovi, Lodi, Castiglione y Arcola.

1797: Batalla de Rívoli. Firma con los austríacos la paz de Campo-Formio y regresa a París, dejando el norte de Italia en poder de Francia.

1798: Batalla de las Pirámides. Ocupa El Cairo.

1799: Rendición de la ciudad de Jafa, sitio de San Juan de Acre, y batalla de Abukir. En octubre entrega el mando del Ejército de Egipto y regresa a Francia. El 18 y 19 brumario (9 y 10 de noviembre) da un golpe de Estado que inicia el Consulado, del cual se convierte en máximo jefe.

1800: Batalla de Marengo, cuya victoria vuelve a poner a Italia bajo el control de Francia.

1801: Paz de Luneville, Concordato con Pío VII y paz de Amiens.

1802: El senado lo nombra primer Cónsul vitalicio.

1804: Manda ejecutar al duque de Enghien y se hace coronar Napoleón I, Emperador de los franceses, con lo cual termina la época del Consulado.

1805: La flota inglesa derrota a franceses y españoles en Trafalgar, con lo que desaparece cualquier posibilidad de invasión a Inglaterra. Logra la brillante victoria en Austerlitz sobre rusos y austriacos. Paz de Presburgo.

1806: Batallas de Jena y Auerstädt, que suponen la derrota de Prusia. Francia decreta el bloqueo continental, con el cual busca ahogar la economía de Inglaterra.

1807: Batallas de Eylau y Friedland. Napoleón y el zar Alejandro I se encuentran en Tilsit y sellan una alianza que los convierte en amos de Europa.

1808: Invasión de España por parte de las tropas de Napoleón. José es proclamado rey de España. Napoleón y Alejandro se reúnen en Erfurt con el fin de reforzar la alianza.

1809: Victoria de Wagram sobre los austriacos.

1810: Se divorcia de Josefina y contrae matrimonio con María Luisa de Austria, hija de Francisco I.

1811: Nace Francisco Carlos José Bonaparte, el Rey de Roma.

1812: La alianza con el Zar llega a su término y en junio Napoleón invade Rusia con un ejército de más de medio millón de hombres. En octubre se ve obligado a emprender la retirada desde Moscú y llega a París en diciembre.

1813: Victorias de Lützen y Bautzen; armisticio de Pleiswitz; los franceses son expulsados de España por el duque de Wellington cuando pierden la batalla de Vitoria. Napoleón gana en Dresden y pierde en Leipzig.

1814: Firma su primera abdicación, y en abril parte a la isla de Elba.

1815: Regresa de Elba y empieza el reinado de sus últimos cien días. En junio pierde la batalla de Waterloo y abdica por segunda vez. A finales de julio es declarado prisionero. Un barco inglés lo transporta a la isla de Santa Elena.

1821: el 5 de mayo muere en Santa Elena.

Bibliografía

Aubry, Octave, *Napoleón en Santa Elena,* Montaner y Simón, Barcelona, 1944.

Bainville, Jacques, *Napoleón,* Editorial Porrúa, México, 1994.

Belloc, Hilaire, *La Revolción Francesa,* Editorial Sudamericana, Buenos Aires, 1967.

Chardigny, Louis, *Napoleón: el hombre,* Editorial Edaf, Madrid, 1989.

Las Cases, Emmanuel, *Napoleón explicado por sí mismo: memorial de Santa Elena,* Saturnino Calleja, Madrid, 1920.

Lenotre, Georges, *Napoleón: croquis de la epopeya,* Editorial Juventud, Barcelona, 1942.

Ludwig, Emil, *Napoleón,* Editorial Juventud, Barcelona, 1953.

Madelin, Louis, *Los hombres de la Revolución Francesa,* Javier Vergara Editores, Buenos Aires, 1989.

Malraux, André, *Vida de Napoleón contada por él mismo,* Editorial Sudamericana, Buenos Aires, 1994.

Manfred, A.; Smirnov, N., *La Revolución Francesa y el imperio de Napoleón,* Editorial Grijalbo, México, 1969.

Pijoan, Josep, *Historia del mundo,* t. VIII, Salvat Editores, Barcelona, 1975.

Revoluciones y luchas nacionales, Círculo de Lectores, Bogotá, 1984.

Rudé, George, *La Europa revolucionaria (1783 – 1815),* Siglo XXI Editores, Madrid, 1974.

Sieburg, Friedrich, *Napoleón: los cien días,* Ediciones de la Revista de Occidente, Madrid, 1964.

Stern, Alfredo; Schnabel, Francisco; Walzel, Óscar; Herckner, Enrique; Luckwaldt, Federico, *Revolución y restauración,* Espasa Calpe, Madrid, 1951.

Tolstoi, León, *La guerra y la paz,* Bruguera Mexicana de Ediciones, México, 1978.

Uson, A. G., *Napoleón,* Editorial Atlántida, Buenos Aires, 1946.

Zweig, Stefan, *Fouché, el genio tenebroso,* Editorial Juventud, Barcelona, 1935.

————, *María Antonieta,* Editorial Juventud, Bercelona, 1992.

————, *Momentos estelares de la humanidad,* Editorial Apolo, Barcelona, 1937.

S U M A R I O

Este libro se terminó de imprimir en el mes de abril
del año 2006 en los talleres bogotanos
de Panamericana Formas e Impresos S. A.
En su composición se utilizaron tipos
Sabon, Bodoni Poster y Akzidens Grotesk
de la casa Adobe.